L'HISTOIRE
DEUX-MINUTES
POUR LE
MARKETING DE RÉSEAU

COMMENT CRÉER
UNE VISION
D'ENSEMBLE
QUI RESTERA
GRAVÉE !

KEITH & TOM « BIG AL » SCHREITER

L'histoire Deux-Minutes pour le Marketing de Réseau
© 2019 by Keith & Tom « Big Al » Schreiter

Publié par Fortune Network Publishing
PO Box 890084
Houston, TX 77289 USA

Telephone: +1 (281) 280-9800

BigAlBooks.com

ISBN-13: 978-1-948197-38-0

ISBN-10: 1-948197-38-3

TABLE DES MATIÈRES

BIG AL
WORKSHOPS

Ce livre est dédié aux gens de marketing
de réseau de partout.

Je voyage de par le monde plus de 240 jours chaque année.
Laissez-moi savoir si vous souhaitez que tienne une
formation (Big Al Training) dans votre secteur.

→ **BigAlSeminars.com** ←

Tous les livres de
Tom « Big Al » Schreiter
sont disponibles à :

BigAlBooks.com/french

PRÉFACE

Lorsque le maître des raconteurs d'histoires Jerry Scribner parle, les gens écoutent. C'est ce qui différencie Jerry de tous les autres. Les gens entendent son message. Comment fait-il ?

Margaret Millar a déjà dit : « La plupart des conversations sont simplement des monologues livrés en présence d'un témoin. »

Ça vous semble familier ?

Est-ce que cette remarque s'applique à nos présentations ?

Combien de présentations avons-nous faites de cette façon :

1. Nous avons parlé.

2. Nos prospects ont écouté.

Et nous l'avons fait durant 20 minutes, 40 minutes, ou même une heure. Cruel.

Mais on peut faire encore pire. On peut demander à nos prospects : « Gardez vos questions pour la fin car je pourrais bien y répondre durant la présentation. »

Ou encore, inviter nos prospects à s'asseoir dans la salle d'un hôtel avec des étrangers pour subir un monologue accompagné de vidéos et d'un PowerPoint durant plus d'une heure.

Pas étonnant que les prospects détestent les présentations de vente. Plus longue est notre présentation, plus confus sont les prospects. Il y a tout simplement trop de faits et d'information à ingérer et analyser.

Pour obtenir une décision de part de nos prospects, on doit être clairs.

Ce qui nous ramène à Jerry Scribner. Lorsque Jerry parle, il ne fait que raconter une histoire de deux minutes axée sur le sujet le plus intéressant du monde pour nos prospects : eux-mêmes. Cette histoire personnalisée mettra vos prospects sur le bout de leurs chaises, impatients de connaître la suite et la fin de leur histoire.

Mais voici la partie la plus intéressante de cette technique : l'histoire-deux-minutes mène à une décision. Elle soulage les prospects du stress relié au manque d'information, ou encore à celui de devoir y réfléchir quelques jours.

C'est la chance pour nous de changer la façon dont nous communiquons avec nos prospects. Dans ce livre, nous apprendrons à utiliser une courte histoire afin d'amener nos prospects à prendre la décision de joindre notre équipe sur le champ ou encore, de poursuivre leurs chemins. Fini les longues présentations, brochures ou échantillons. En moins de deux minutes, notre histoire fournira à nos prospects les informations spécifiques qu'ils recherchent.

En captant toute l'attention de nos prospects, il devient facile de transférer notre message dans leurs cerveaux ; ce qui rend leur processus de décision simple et naturel.

Ajoutons l'histoire-deux-minutes à notre portfolio de méthodes de présentations efficaces devant un prospect.

LE PROBLÈME.

Après une longue heure et trente minutes, notre présentation d'affaire se termine enfin. Jean signe le formulaire, achète sa trousse et se précipite chez lui pour démarrer son entreprise. Ce sera fantastique !

Quel est le meilleur moment pour démarrer son entreprise ? La fin de semaine, bien entendu. Pas de distractions. Pas d'emploi qui désorganise notre journée.

Enfin samedi matin. Jean ouvre sa trousse de distributeur et parcourt la section démarrage rapide. Trois cafés plus tard, Jean se sent épuisé. C'est beaucoup de travail. Tant de choses à apprendre et si peu de temps à sa disposition. Heureusement, l'agenda du week-end prochain est presque vide. Jean aura donc l'occasion de céduler son premier rendez-vous.

Après l'avoir supplié pendant sept jours, le meilleur ami de Jean accepte finalement de le rencontrer pour dîner samedi. Jean est fébrile. Toute la matinée Jean pratique ses exercices de motivation. Il lamine son tableau de visualisation, récite ses affirmations et fredonne la chanson thème de sa compagnie. Rien ne pourra arrêter Jean. Il a mémorisé sa présentation mots-à-mots. Son document PowerPoint est chargé dans son projecteur tout neuf. Ce sera une présentation épique !

Arrivé au restaurant, l'ami de Jean lui demande : « Pourquoi le complet cravate ? »

Jean répond : « J'ai une opportunité d'affaire fantastique à te partager. Laisse-moi libérer notre table et installer mon écran de projection sur l'autre table. »

L'ami de Jean est mal à l'aise.

Après seulement 25 minutes de présentation, l'ami de Jean demande à la serveuse : « Y a-t-il une falaise tout près ? Je cherche un endroit pour sauter. »

Une heure s'est écoulée depuis le début de la présentation… L'ami de Jean s'adresse de nouveau à la serveuse : « J'aimerais être transpercé par une épée sur le mur. Vous pourriez la tenir pour moi s'il-vous-plaît ? »

L'ami de Jean tombe finalement dans les pommes. Heureusement, cela eut pour effet de mettre fin à la présentation pour aujourd'hui.

Pendant que les paramédics transportent son ami vers l'ambulance, Jean réfléchit : « Je dois céduler un rendez-vous pour le mois prochain. Qui pourrais-je bien contacter ? »

Au rythme d'une présentation d'affaire par moi, combien de temps faudra-t-il à Jean pour développer son entreprise selon vous ?

La réponse ? Une éternité.

Mais une toute petite modification pourrait tout changer :

L'histoire-deux-minutes.

LA MAUVAISE NOUVELLE.

Dans le cercle des leaders, une blague circule. La voici :

Il y a deux moments où les prospects éprouvent de la confusion face à notre opportunité d'affaire.

1. Avant que nous débutions notre présentation.

2. Une fois que nous avons terminé notre présentation.

En effet, nos présentations sèment la confusion et empêchent nos prospects de dire « oui. »

Pendant que nous parlons de notre merveilleuse compagnie, notre merveilleuse industrie, nos produits merveilleux, notre programme de formation merveilleux, notre plan de rémunération merveilleux… nos prospects n'écoutent pas.

Quoi ? Ils n'écoutent pas notre super présentation concernant notre merveilleuse compagnie ?

Comment est-ce possible ?

Fait #1 : La capacité d'attention de nos prospects est courte.

Fait #2 : Notre présentation d'affaire dure 45 minutes.

Question : Devenez ce qui cloche ?

C'est cruel.

Nous perdons l'attention de nos prospects à la première distraction. Alors à quoi pensent nos prospects pendant que nous récitons notre présentation parfaitement mémorisée ?

« Combien de temps ça va durer ? »

« Es-tu un vendeur ? »

« Quand vas-tu enfin aboutir ? »

« Combien ça va coûter tout ça ? »

« Pourquoi lui ai-je permis de démarrer cette présentation ? »

« Comment puis-je être certain que j'aurai du succès ? »

« Pourquoi ai-je accepté de subir cet interminable présentation de vente. »

« Qu'en penseraient mes amis ? »

« C'est probablement trop beau pour être vrai. »

« Qui a nourri le chien ce soir ? »

« Je ne pourrais jamais mémoriser une présentation aussi longue. »

« Est-ce que la gardienne va me facturer du temps supplémentaire ? »

« Je ne veux pas être un vendeur. »

« Je dois me lever tôt pour le travail demain. »

Les prospects ne nous écoutent pas. Ils sont plutôt en conversation avec eux-mêmes dans leurs têtes, et nous sommes le bruit de fond dans leur conversation.

La solution ?

Nous allons résoudre ce problème avec notre présentation histoire-deux-minutes. C'est une histoire personnalisée adaptée à nos prospects.

Lorsque nos prospects apprennent dans notre histoire ce qui pourrait leur arriver, ils deviennent enthousiastes. Pourquoi ?

#1. L'histoire les concerne. Et ils sont de loin les gens les plus intéressants qu'ils connaissent.

#2. Puisque c'est une histoire, ils écoutent. Nous avons un programme implanté dans nos cerveaux qui nous oblige à écouter les histoires.

#3. Cette histoire personnalisée les oblige à prendre une décision entre : apprendre un système et changer leurs vies… ou ne rien changer à leurs vies actuelles.

#4. Cette histoire n'est pas une proposition gagnant/perdant ou un ultimatum de vie ou de mort. On leur explique tout simplement ce qu'on fait. L'histoire élimine toute forme de rejet. Nous n'avons aucune idée si c'est le bon ou le mauvais moment dans la vie de nos prospects. Cette histoire ne fait que les renseigner sur le fonctionnement de notre entreprise.

Ça n'est pas une histoire qui débute par : « Il était une fois, » mais plutôt une histoire sur l'avenir potentiel de nos prospects.

Mieux encore…

Cette histoire s'adresse au subconscient de nos prospects de façon subtile… ce qui permet à notre information de contourner leur négativité, leur filtre « trop beau pour être vrai » et leur scepticisme tout en désactivant leurs alarmes anti-vendeurs et leurs programmations dysfonctionnelles. Fantastique !

Notre histoire permet donc de transmettre notre message de nos cerveaux à ceux de nos prospects.

La magie de l'histoire-deux-minutes.

Mon bon ami Jerry Scribner est un maître de l'histoire-deux-minutes, et il adore l'utiliser. Pourquoi ? Parce que ses prospects l'adorent aussi.

Jerry s'assoie avec un prospect devant une tasse de café. Il raconte l'histoire-deux-minutes… et voilà le travail. Dossier clos. Terminé.

Le prospect « saisit » sur le champ. Ce qui reste de la pause-café peut être utilisé pour répondre à ses questions, faire son adhésion en ligne, ou enfiler quelques beignes.

Jerry a raconté l'histoire tant de fois qu'il n'a plus à se concentrer sur les mots qu'il utilise. Ils sont automatisés. Cela lui permet de consacrer 100% de son attention sur ses prospects… Ses prospects ressentent d'ailleurs très bien cette connexion.

Ça vous semble trop beau pour être vrai ?

Poursuivez votre lecture et vous apprendrez comment on peut simplifier la décision pour nos prospects et générer un « oui » face à notre opportunité.

Une dernière chose à régler.

Les prospects évitent les présentations. Pourquoi ?

Parce que les présentations sont trop longues. Les présentations interfèrent avec les vies bien remplies de nos prospects. Peu d'entre eux éprouvent une attirance naturelle envers les présentations de vente bondées de faits et d'informations.

C'est la raison pour laquelle les prospects tentent de se défiler presqu'à tout coup. Il est temps d'y remédier.

POURQUOI OBTENIR DES RENDEZ-VOUS DE PRÉSENTATIONS EST DIFFICILE.

En 1960, il n'y avait pas de :

- téléphone cellulaire.
- messagerie texte.
- télévision par câble.
- courriels.
- médias sociaux.

Lorsque vous demandiez à quelqu'un : « Est-ce que je peux te rencontrer pour une présentation de 30 minutes au sujet de ma nouvelle opportunité d'affaire ? » … Ils répondaient :

« Youpi ! Un divertissement ! »

Parce qu'il n'y avait rien à faire en 1960.

Et 1960 ne reviendra pas. Les prospects aujourd'hui ont un million de choses à leur disposition pour se tenir occupés.

De nous jours, la vie a plutôt tendance à surcharger les gens. Tant d'activités, tant de décisions, tant de choses autour d'eux qui crient : « Occupe-toi de moi maintenant ! » Grrr.

Tout le monde est très occupé. Chacun doit faire des choix chaque seconde sur ce qu'il choisit de privilégier, et ce qu'il choisit d'ignorer.

Nos cerveaux analysent des milliers d'informations à la seconde. Nous devons arriver à nous hisser au sommet de toutes ces informations dans le cerveau de nos prospects. Et on ne peut pas espérer maintenir la pole position dans son cerveau durant 30 minutes. Ce serait surhumain.

Si nous continuons à donner des présentations de 30 ou 60 minutes aujourd'hui, nous sommes cuits ! Développer notre entreprise avec des techniques des années 1960, nous subirons nous aussi l'extinction, comme les dinosaures.

Nous nagerions à contre-courant. C'est une bataille perdue d'avance.

Que pouvons-nous faire ?

Dans le contexte actuel, on a besoin d'options plus rapides. Une de ces options fait l'objet d'un autre de mes livres : *La Présentation Minute*. Elle représente une avenue facile pour les nouveaux réseauteurs en démarrage de carrière. Mais ça n'est pas la seule option.

Puisque nos continuons à cheminer en tant que réseauteurs, nos compétences en matière de présentations devraient évoluer elles aussi. Dans ce livre, nous allons décortiquer une option de présentation encore plus puissante : l'histoire-deux-minutes.

Nos présentations devraient être courtes.

Pourquoi ?

#1. Confiance en soi. Nos prospects se sentiront plus aptes à dupliquer une présentation courte. Ils peuvent s'imaginer parler aux gens de façon simple, naturelle et concise. Ils adorent ça.

#2. Facile à apprendre. Inutile de passer des semaines à pratiquer des scripts et se familiariser avec des PowerPoint ennuyants. Les présentations courtes peuvent avoir lieu n'importe où et n'importe quand.

#3. Fini la peur du rejet. Les présentations courtes sont un antidote au rejet. Nos prospects n'activent pas leur impatience et leur résistance à la vente lorsqu'ils apprennent que la présentation sera courte.

#4. Duplication. Les membres de nos équipes peuvent dupliquer des compétences simples telles que :

- Recommander et promouvoir des choses qu'ils aiment.
- Utiliser leurs propres produits et services.
- Raconter une histoire qui ne dure que deux minutes.

Les membres de nos équipes se sentiront angoissés si on leur demande de faire quelque chose de trop complexe ou extérieur à leur zone de confort. Ça n'est pas le cas ici.

Rien ne se produira si nous n'avons personne à qui parler.

Trouver des prospects disposés à écouter notre présentation est la première étape. Occupons-nous de ça d'abord.

L'INVITATION DÉCORTIQUÉE.

Tous les mots que nous utiliserons dans l'histoire-deux-minutes ont leur importance. Les amateurs s'adressent aux prospects avec les premiers mots qui leurs viennent à l'esprit. La diarrhée verbale n'est pas une approche efficace pour les réseauteurs professionnels. Nous devons faire mieux que ça.

Nous allons analyser les mots qui constituent notre histoire-deux-minutes afin de comprendre leur fonctionnement.

Est-ce que ça signifie que nous ne pouvons pas changer ces mots ? Bien sur que non. Mais avant de modifier notre histoire-deux-minutes, nous devrions comprendre la tâche précise que la plupart de ses mots accomplissent.

Voici les premiers mots que nous utiliserons afin de générer un public captif pour notre histoire-deux-minutes.

« J'ai une bonne histoire… »

Cinq mots.

C'est magique.

Avec ces cinq mots, nous pourrons obtenir un nombre illimité de présentations. Les prospects ne peuvent pas résister à ces cinq mots. Voici pourquoi.

Inutile de faire une présentation si personne n'écoute. Avant de démarrer notre présentation, on souhaite d'abord :

1. Obtenir la permission de nos prospects.

2. Capter l'attention de nos prospects.

Comment allons-nous capter leur attention ? Avec des mots, bien entendu. Nous choisissons soigneusement ces mots : « J'ai une bonne histoire. » Ces mots provoquent une réaction spécifique chez nos prospects : nous captons immédiatement leur attention.

Les histoires sont puissantes. Quelle est la meilleure façon pour les humains d'apprendre et de prédire le futur ? Les histoires. Nous sommes programmés pour écouter les histoires. Pourquoi ? Parce que les histoires nous aident souvent à déterminer ce qu'on fera dans un futur rapproché afin de survivre. Bref, instinctivement, personne ne peut résister à une histoire.

Imaginons que nous marchons tout près de trois collègues au travail. Un de ceux-ci raconte une histoire. Que nous dicte notre subconscient ? Arrête. Écoute l'histoire. Un programme gravé dans notre subconscient nous dicte :

« Si quelqu'un, quelque part, en tout temps, raconte une histoire, nous devons nous arrêter et écouter cette histoire… jusqu'à la fin. On ne peut pas poursuivre notre chemin et continuer à respirer tant que nous ne connaîtrons pas la fin de l'histoire. »

Oui, les histoires sont captivantes. On adore les histoires. C'est la raison pour laquelle on aime les films, les livres et les potins d'Hollywood.

Dès l'instant où les enfants apprennent leurs premiers mots, ils diront : « Maman (Papa), raconte-moi une histoire s'il-te-plait. »

Ces mots puissants : « J'ai une bonne histoire, » nous assurent que nos prospects nous accorderont toute leur attention.

Notez bien notre choix de mots : « J'ai une bonne histoire. »

Nous ne disons pas : « J'ai une bonne présentation de vente. »

Vous sentez la différence ? Notre choix de mots et primordial.

« Elle dure à peine deux minutes. »

Toutes les histoires ne valent pas la peine d'être écoutées, tout spécialement si elles sont longues. La plupart des gens que nous croisons protègent farouchement chaque minute de leur temps. Trop de choses à faire, trop peu de temps disponible.

Nous sommes de nature polie, alors nous allons leur promettre que notre histoire sera courte. En disant : « Elle dure à peine deux minutes, » comment se sentent nos prospects ?

Ils se sentent merveilleusement bien. Et puisqu'on leur propose une histoire courte, nos prospects veulent l'entendre sans délai. Donc, pas besoin d'effectuer un suivi ou céduler une rencontre plus tard. Des prospects qui souhaitent entendre, sans délai, ce qu'on souhaite partager ; n'est-ce pas merveilleux ?

Vous avez déjà été rejeté par un prospect ? Ça ne se reproduira plus.

« Elle pourrait te permettre de gagner beaucoup d'argent… »

Cette phrase indique aux prospects que notre histoire a une couleur commerciale. Qu'il s'agit d'une entreprise. Glissons-nous dans les souliers de nos prospects quelques instants.

Est-ce que les prospects aiment l'argent ? Oui. Alors d'entrée de jeu, notre histoire leur semble intéressante.

Plus intéressant encore, nos prospects ne lèveront pas leur bouclier anti-vendeur. C'est une histoire… et non une présentation de vente. Ils peuvent écouter notre histoire sans se sentir menacés. C'est un point important car si nos prospects sont sur leurs gardes, ils seront sceptiques et fermés à tout ce que nous allons dire.

« … ou pas. »

Nous avons démarré notre phrase en disant : « Elle pourrait te permettre de gagner beaucoup d'argent… »

Pour s'assurer de ne pas déclencher l'alarme anti-vendeur, on neutralise notre message commercial en ajoutant les mots : « … ou pas. » On s'assure ainsi que nos prospects vont se détendre.

La phrase complète est donc : « Elle pourrait te permettre de gagner beaucoup d'argent … ou pas. »

Nos prospects se disent : « Gagner beaucoup d'argent ? Super ! Ou pas ? Hmmm. Ça semble juste. Inutile de craindre une présentation gonflée à l'hélium par un vendeur à pression. »

Les prospects réfléchissent en utilisant la portion consciente de leurs cerveaux. Mais sommes-nous vraiment intéressés par la partie consciente du cerveau de nos prospects ? Non. Qu'avonsnous retenu de nos livres sur l'art de conclure ? Nous avons appris que les décisions prises par nos prospects sont déterminées par la partie subconsciente de leurs esprits, la portion automatisée de leurs cerveaux.

Le programme « survie » régit nos subconscients. Il dit : « Nous devons vivre. Nous devons survivre. » C'est un programme important et utile. Il nous permet d'éviter des situations dangereuses. C'est le même programme qui sonne l'alerte en présence de vendeurs. Il nous recommande d'être prudents lorsque quelqu'un nous demande de l'argent. Nous avons besoin de cet argent pour survivre.

Alors la véritable question est : « À quoi pensent nos prospects dans leurs subconscients ? »

Lorsque le subconscient de nos prospects capte : « ... gagner beaucoup d'argent, » voici comment leurs subconscients réagissent :

« Argent ? On a besoin d'argent ! On a besoin d'argent pour manger, s'abriter, s'habiller. On a besoin d'argent pour survivre. Oui ! »

Mais c'est la seconde partie de notre phrase qui met leurs subconscients en état d'alerte. Lorsque nos prospects entendent : «... ou pas, » leur subconscient panique :

« Oh non ! Qu'est que tu entends par « ou pas ? » On a besoin d'argent pour survivre. On a besoin de nourriture, d'un toit et des vêtements ! On a absolument besoin de cet argent. On va trouver des raisons pour que ça fonctionne pour nous plutôt que des raisons pour que ça ne fonctionne pas. »

Wow. On peut dire que ça positionne nos prospects dans le bon état d'esprit. Ils sont emballés par les revenus potentiels proposés dans notre histoire. Aucun scepticisme dans l'air. Nos prospects recherchent maintenant des arguments pour que notre histoire fonctionne pour eux. On ne peut pas demander mieux.

« Tu veux l'entendre ? »

Cette courte phrase a pour but de valider l'intérêt de nos prospects à entendre notre histoire. Que croyez-vous que la majorité des prospects répondront ?

« Oui. » Ils sont impatients d'entendre notre histoire. Et on adore poser des questions quand connaît déjà la réponse. Nous avons obtenu l'accord de nos prospects pour démarrer notre histoire et, du même coup, nous avons mérité 2 minutes d'attention soutenue dans leurs vies.

Bonne nouvelle. Notre histoire prendra beaucoup moins que deux minutes. Ils seront épatés.

Révisons ces quelques mots.

Lorsqu'on assemble tous ces mots ensembles, on obtient le résultat suivant :

« J'ai une bonne histoire. Elle dure à peine deux minutes. Elle pourrait te permettre de gagner beaucoup d'argent, ou pas. Tu veux l'entendre ? »

Nous avons maintenant un regard différent sur chacun de ces mots. En utilisant des mots précis et stratégiques, on obtient des résultats prévisibles. Nos prospects brûlent d'envie d'entendre notre histoire.

Posons-nous la question suivante : « Si on utilisait ces mots trois fois par jour, combien de prospects souhaiteraient entendre notre histoire ? »

La réponse est : « Trois. »

Faire trois présentations par jour sera désormais chose facile. Notre histoire-deux-minutes étant une présentation courte, elle peut être insérée même dans les agendas les plus remplis. Songez au nombre d'histoires-deux-minutes que vous pourriez partager durant la pause café, le dîner ou au téléphone sur le chemin du retour.

Voici une autre question.

« Et si tous les membres de nos équipes faisaient trois présentations chaque jour ? »

La réponse ? « Wow ! »

Pourquoi notre équipe ne fait pas davantage de présentations ?

Peut-être parce qu'on n'a pas enseigné les mots exacts pour obtenir des présentations. Nous avons maintenant les mots qu'il faut.

Faisons un brin de mathématiques.

Trois histoires-deux-minutes par jour multipliées par 30 jours donnent 90 prospects par mois qui entendront notre histoire-deux-minutes. C'est plus que suffisant pour créer momentum et enthousiasme dans les troupes.

C'est le moment d'apprendre les mots qui composent notre histoire-deux-minutes et de comprendre pourquoi ils fonctionnent.

NOTRE HISTOIRE-DEUX-MINUTES COMMENCE.

Notre prospect est en pendu à nos lèvres. Nous allons démarrer notre histoire avec une question afin d'impliquer davantage nos prospects dans le scénario.

« Est-ce que ça t'irait de ne plus jamais devoir travailler ? »

Cette question ajoute beaucoup de poids à notre présentation.

Les réseauteurs se demandent : « Comment puis-je évaluer la motivation des prospects ? Comment puis-je imprégner la vision parfaite dans leurs esprits ? Et si je prends pour acquis qu'ils souhaitent une chose en particulier, mais que je me trompe ? »

C'est une question très complexe. Ceci dit, la solution est plutôt simple. Nos prospects pourraient bien ne jamais divulguer leur motivation envers notre proposition ; mais nous n'avons pas à le deviner non plus. Nous allons plutôt activer une commande dans le subconscient de nos prospects, celle de trouver une motivation et ce, illico.

Cette magie s'opère lorsqu'on pose la question : « Est-ce que ça t'irait de ne plus jamais devoir travailler ? » Le subconscient de nos prospects réagit en une fraction de seconde pour faire apparaître la motivation la plus importante pour chacun d'eux.

Si on utilise cette phrase avec cinq prospects, chacun d'eux sera envahi par une vision différente. Voici quelques exemples :

#1. Se lever à midi parce qu'ils sont des oiseaux de nuit.

#2. Se balader en pyjama toute la journée.

#3. Faire l'école à la maison et étirer les fins de semaines familiales à volonté.

#4. Jouer au golf le jour en semaine quand les terrains sont désertés.

#5. Réaliser le rêve d'une vie soit : jouer de la guitare et écrire de la musique.

Nous n'avons pas à deviner la motivation profonde de nos prospects. Ils auront une vision immédiate du désir profond qui sommeille en eux. Ce qu'on leur demande, c'est d'imaginer ce à quoi leurs vies pourraient ressembler s'ils n'avaient plus jamais besoin de travailler. Cette vision les stimule. Ils adorent cette nouvelle perspective.

Pourquoi sommes-nous convaincus que nos prospects vont créer la vision parfaite dans leurs esprits ?

Parce que nous leur avons ordonné. Nous avons démarré notre question par « Est-ce que ça t'irait de... »

Ces mots sont puissants. Lorsqu'on prononce ces mots, nos prospects suivent naturellement notre suggestion.

On ne veut rien laisser au hasard, c'est la raison pour laquelle on utilise ces mots.

Un brin d'histoire sur la formule « Est-ce que ça t'irait de... ? »

Lorsqu'on utilise cette formule, le subconscient de notre prospect se dit : « Oh, voilà qui est poli. Bien entendu, je vais aller de pair avec ce que tu dis, tant que cela me semble raisonnable. » Une acceptation automatisée et imprégnée dans le subconscient.

Vous pouvez rapidement sentir la réponse « oui » qui jaillit en imaginant qu'on vous pose ces questions :

« Est-ce que ça t'irait de tenir la porte pour moi ? »

« Est-ce que ça t'irait si on la laissait se joindre à nous ? »

« Est-ce que ça t'irait si on prenait place ici ? »

« Est-ce que ça t'irait si je commençais maintenant ? »

Sentez-vous l'accord immédiat ?

Alors, selon vous, que se passe-t-il dans l'esprit de nos prospects lorsqu'on dit : « Est-ce que ça t'irait de ne plus jamais devoir travailler ? »

Ils se mettent à imaginer ce que cela signifierait pour eux. Ils ont maintenant en tête la vision de ce que pourraient être leurs vies s'il n'était plus nécessaire de travailler. Excitant !

C'est un bon moment pour prendre une mini-pause dans notre histoire pour que cette nouvelle perspective s'incruste dans leurs esprits. Nous pouvons alors poursuivre avec une autre question.

« De combien d'argent aurais-tu besoin chaque mois pour payer tes factures et ne plus jamais devoir travailler ? »

Notez que nous n'avons pas demandé à nos prospects combien d'argent ils gagnent. Ce serait trop personnel et intrusif. Les prospects hésiteraient à fournir cette information de toute façon. On se limite donc au montant minimum dont ils ont besoin chaque mois pour payer leurs factures.

Il y a une autre stratégie dissimulée. On souhaite obtenir le chiffre le plus bas possible. Imaginez si on posait la question : « Combien d'argent aimerais-tu gagner ? »

Nos prospects pourraient alors répondre quelque chose comme des millions de dollars par mois. On ne peut pas rencontrer cet objectif avec notre entreprise. Plus l'objectif initial de notre prospect sera modeste, plus il sera facile pour notre entreprise de concrétiser son objectif.

Nos prospects pourraient aussi répondre : « Eh bien, si je ne travaillais pas, mes dépenses seraient réduites considérablement. Nous n'aurions plus besoin d'une seconde voiture et le surplus d'assurance qu'il en coûte. Moins de dépenses reliées à la garde des enfants. Alors si je pouvais demeurer à la maison, le montant minimum dont j'aurais besoin pour couvrir toutes mes factures et une pizza en livraison de temps à autres serait de 5,000$ par mois. »

C'est une excellente réponse. Sachez par contre que tous les prospects n'ont pas une idée aussi claire du chiffre qu'on leur demande, et vous devrez parfois préciser davantage ce que vous entendez par factures de base afin d'obtenir ce chiffre.

Souvenez-vous de ce chiffre.

Nous utiliserons ce chiffre plus tard dans notre présentation. Lorsqu'on sait de combien d'argent notre prospect a besoin mensuellement, on peut lui soumettre un plan d'action plus représentatif pour générer ce revenu. De cette façon, notre présentation sera parfaitement ajustée aux besoins et désirs de nos prospects.

Resserrer l'entonnoir du processus de décision.

Tout cela vous semble probablement un peu nébuleux pour le moment mais tout prendra son sens plus tard. Nous avons besoin du montant minimum nécessaire à notre prospect pour ne plus devoir travailler. C'est le premier élément qui nous permettra de resserrer l'entonnoir du processus de décision.

Voici ce qui se produit dans les présentations « vintage. » Les prospects sont surchargés d'information. Trop d'information, trop de décisions à prendre. Notre prospect se pose tout un tas de questions : « Est-ce que le produit se vend bien. Que signifie le bonus équivalent dont ils ont parlé dans le plan de rémunération ? Je n'ai pas tout saisi à propos des produits alors comment puis-je savoir si je serai en mesure de les vendre ? Et lorsqu'ils utilisent les mots : parrainer, recruter, lignée descendante et ascendante, volume personnel… qu'est-ce tous ces termes désignent au bout du compte ? Je devrais peut-être faire quelques recherches supplémentaires. »

Si nos prospects se posent ce type de questions à la fin de notre présentation… Ouch ! Et on ose leur demander en terminant notre présentation : « Ok, tu dois prendre une décision maintenant. »

Plutôt injuste n'est-ce pas ? On demande à nos prospects de prendre une décision alors que leurs esprits sont bondés de questions et totalement obnubilés par toute cette information. C'est moche. Et tout le monde connaît la réponse d'un esprit confus : « Non. »

Notre objectif doit donc être de créer un entonnoir qui permettra à nos prospects de suivre un chemin balisé qui leur permettra, à la fin de notre histoire-deux-minutes, de pouvoir prendre une décision toute simple.

C'est une méthode plus conviviale et plus respectueuse envers nos prospects.

Nous allons donc continuer à resserrer notre entonnoir tout en poursuivant notre histoire.

Collecte d'information : Terminée !

Prochaine étape ? Ont doit décrire notre entreprise avec des mots que nos prospects peuvent comprendre facilement.

L'erreur fatale serait de décrire notre entreprise en des termes que **nous** comprenons. Nos prospects n'ont pas assisté aux mêmes rencontres et formations que nous. Ils ne sont pas familiers avec notre langage secret de PV, BV, pattes, bonus, etc. Nous allons donc utiliser un langage plus universel soit celui de nos prospects.

Récapitulons.

L'invitation et les premières phrases de notre histoire-deux-minutes sont simples, et sans risque de rejet.

***

« J'ai une bonne histoire. Elle dure à peine deux minutes. Elle pourrait te permettre de faire beaucoup d'argent, ou pas. Tu veux l'entendre ? »

« Est-ce que ça t'irait de ne plus jamais devoir travailler ? »

« De combien d'argent aurais-tu besoin chaque mois pour payer tes factures et ne plus jamais devoir retourner au travail ? »

***

Beaucoup de choses se produisent durant ces premières phrases, et nos prospects en veulent plus ! Pourquoi ? Parce qu'ils sont les personnages principaux de l'histoire.

C'est maintenant que la véritable magie s'installe.

Vivement à nos prochaines phrases !

LA QUESTION SECRÈTE QUE NOS PROSPECTS N'ARRIVENT PAS À ARTICULER.

Lorsqu'on présente notre entreprise aux prospects, quelle est leur principale question ou préoccupation concernant nos produits et services ?

Voici quelques possibilités :

1. Quel est le niveau de qualité des produits et services ?

2. Quels sont les résultats des tests effectués sur les produits et services ?

3. Les produits et services sont-ils abordables coté prix ?

4. Sont-ils livrés rapidement ?

5. Offrent-ils une garantie ?

Ce sont d'excellentes questions.

Mais nos prospects ont en tête une question encore plus importante pour laquelle ils ont absolument besoin d'une réponse. Ils ne posent jamais cette question. Mais si nous n'y répondons pas, ils hésiteront à se joindre à nous.

Quelle est cette question cruciale qui trotte dans la tête de nos prospects et qu'ils n'arrivent pas à articuler ?

« Si je m'implique dans cette entreprise, est-ce que quelqu'un achètera ces produits et services ? »

Bien entendu, nos produits et services leur semblent fantastiques, mais est-ce que les gens se les arrachent ? Ou si nous avons de super produits et services que personne n'achète ?

Si l'on représente le meilleur produit du monde, mais que personne ne l'achète, de quoi aura l'air notre entreprise ? Factice et misérable. Et les amis de nos prospects se feront un plaisir de les ridiculiser d'avoir pris une mauvaise décision.

Comment rassurer nos prospects sur la popularité de nos produits et services ?

Une façon pourrait être de raconter aux prospects nos expériences de vente au détail fructueuses. Nous pourrions mentionner les occasions où les prospects nous ont approchés avant même que nous ayons eu le temps de le faire. Voilà ce que nos prospects désirent savoir.

Nous pourrions dire :

« J'apporte mon cocktail de perte de poids avec moi chaque jour. J'aime bien cette petite collation faible en calories pour remplacer le beigne à la pause-café. La semaine dernière, trois collègues sont venus me poser des questions sur mon petit mélange et j'ai vendu six sachets tout de suite ! »

C'était plutôt simple. Et la question secrète de nos prospects a été prise en charge. Voici d'autres exemples :

« Après avoir aidé mon voisin à réduire sa facture d'électricité, trois autres voisins m'ont demandé si je pouvais faire la même chose pour eux. »

« À mon retour d'une magnifique croisière à prix réduit, plusieurs de mes collègues de travail m'ont demandé de leur dénicher des croisières à prix réduits aussi. »

« Après avoir utilisé ce produit qui réduit l'apparence des rides durant 30 jours, ma sœur sceptique a dit en vouloir elle aussi. Et elle en a ensuite parlé à trois de ses amis qui ont commandé aussitôt. »

« Le livreur de colis a dit adorer l'odeur lorsqu'il entre dans ma maison. Quand je lui ai dit que j'utilise des produits naturels et non-toxiques, il a dit vouloir en commander pour sa maison aussi et il est devenu client le lendemain. »

« Lorsque j'ai partagé le fait que je dors maintenant comme un bébé chaque nuit, tous les membres du club voulaient connaître mon secret. »

Consacrer du temps à répondre aux bonnes questions.

Qualité, frais de livraison, garanties, liste d'ingrédients… nos prospects auront naturellement tout un tas de questions. Mais en tant que professionnels, notre devoir est de répondre à la question secrète qui leur trotte dans la tête. Nous devons les rassurer sur le fait que la demande est bien réelle pour nos produits et services.

Il existe une autre façon de répondre à la question secrète de nos prospects.

Nous allons utiliser cette seconde option pour répondre à la question secrète dans notre présentation histoire-deux-minutes.

De quelle autre façon pouvons-nous rassurer nos prospects sur le fait qu'il existe une demande réelle pour nos produits et services ? En leur ordonnant d'y croire.

Oui oui, nous allons utiliser une phrase à saveur subliminale qui permettra à nos prospects de croire à notre message sans se poser de questions.

« Eh bien, tu sais comment... »

Lorsqu'on dit cette phrase : « Eh bien, tu sais comment, » notre prospect se dit tout de suite :

« Hmmm, si je sais déjà comment, alors ce doit être vrai. Pourquoi ? Parce que ce que je sais est vrai. Nul besoin de preuves supplémentaires, ni de témoignages. Pas besoin de rapports de recherches, ni autres documents justificatifs. »

Et voilà le travail ! Nous ordonnons en fait à nos prospects de croire ce qu'on s'apprête à dire. Démarrer en utilisant cette phrase nous facilite la tâche pour obtenir l'approbation de nos prospects, ce qui épargne du temps pour les deux parties.

En débutant avec la formule : « Eh bien, tu sais comment, » il ne reste plus qu'à informer nos prospects que nos produits et services sont en demande. Ils n'auront donc plus à s'en soucier.

À quoi cela ressemble sur le terrain ?

Voici quelques idées.

« Eh bien, tu sais combien de gens prennent constamment des vitamines ? » Nos prospects hochent la tête en signe d'approbation. Ils croient maintenant qu'il existe un marché important pour les vitamines.

« Eh bien, tu sais comme moi que tout le monde reçoit une facture d'électricité ? » Nos prospects voient alors un grand marché potentiel pour nos services d'électricité.

« Eh bien, tu sais à quel point les gens détestent les rides ? » Nous avons établi qu'il y a un marché pour notre crème anti rides.

« Eh bien, tu sais combien voyager est dispendieux ? » Ce qui implique qu'il existe une demande pour les voyages à rabais, parce que, bien entendu, les gens souhaitent épargner ou voyager davantage.

« Eh bien, tu as remarqué combien de boissons énergétiques les gens achètent ? » Nos prospects se diront : « Wow. Les gens achètent effectivement beaucoup de boissons énergétiques. Si ton entreprise vend des boissons énergétiques, le marché potentiel est énorme. »

« Eh bien, tu sais combien de gens achètent des produits amaigrissants pour tenter de perdre du poids ? » Ce qui implique que nos produits de perte de poids se vendront comme des petits pains chauds.

Ordonner permet de prendre un raccourci.

On ordonne donc à nos prospects de croire qu'il existe un marché pour nos produits et services en démarrant avec les mots « Eh bien, tu sais comment… »

Ça permet d'épargner du temps à tout le monde. Ils saisissent qu'il existe un marché réel. On peut alors poursuivre et maintenir notre histoire brève et intéressante.

Nous pouvons maintenant passer à la prochaine phrase de notre présentation histoire-deux-minutes.

ALLONS DROIT AU BUT.

Les prospects ne veulent pas entendre parler de notre compagnie. Du moins, pas pour l'instant. Plus tard, s'ils décident de se joindre à nous, ils s'intéresseront davantage à la compagnie. Tout ce qu'ils souhaitent pour l'instant, c'est qu'on en vienne aux faits avec notre histoire.

On doit donc couper court. On ne peut pas broder indéfiniment à propos de la compagnie, son fondateur, son histoire, ses brevets, ses marques de commerce, ses reconnaissances, etc. Ça ne fait pas partie des questions qui trottent dans la tête de nos prospects pour le moment. Que désirent savoir nos prospects ?

Peu de choses.

Nos prospects savent déjà qu'il y a une demande pour nos produits et services. Inutile de leur vendre la compagnie pour le moment. Nous allons donc maintenir cette portion de la présentation très courte, et peut-être y glisser une petite publicité.

À quoi cela pourrait ressembler ? À ceci :

« Eh bien, il y a une compagnie qui se nomme la Compagnie Merveilleuse, et elle approvisionne des tonnes de clients qui sont absolument fous des produits. »

Bon d'accord, c'est une phrase plutôt générique. Normal puisque cette partie de notre histoire-deux-minutes sera différente pour chacun, selon la compagnie qu'il représente. Alors personnalisons davantage en recyclant les exemples du chapitre précédent pour les compléter.

« Eh bien, tu sais comment les gens prennent constamment des vitamines ? Il existe une compagnie, qui se nomme la Compagnie Merveilleuse, et qui produit des vitamines qui font une différence dans la vie des gens. »

« Eh bien, tu sais comme moi que tout le monde reçoit une facture d'électricité ? Il existe une compagnie, la Compagnie Merveilleuse, et elle permet aux gens de réduire leurs factures. »

« Eh bien, tu sais à quel point les gens détestent les rides ? Il existe une compagnie que l'on surnomme la Compagnie Merveilleuse et, qui fabrique une crème anti rides dont les femmes sont totalement folles. »

« Eh bien, tu sais combien voyager est dispendieux ? Il existe une compagnie qui porte le nom de Compagnie Merveilleuse et qui te permet de devenir agent de voyage à temps partiel. Tu pourras alors voyager au prix du grossiste. »

« Eh bien, tu as remarqué combien de boissons énergétiques les gens achètent ? Il existe une compagnie, la Compagnie Merveilleuse, qui produit des boissons énergétiques 100% naturelles qui ont meilleur goût que les boissons commerciales nocives pour la santé. »

« Eh bien, tu sais combien de gens achètent des produits amaigrissants pour tenter de perdre du poids ? Il existe une compagnie du nom de Compagnie Merveilleuse qui aide les gens à perdre du poids de façon naturelle simplement en remplaçant leurs déjeuners par des boissons exclusives. »

C'est tout ?

Oui, c'est tout. La crédibilité et la stabilité de la compagnie pourront être décrites plus tard. Elles ne sont pas déterminantes pour l'instant. Pour l'instant, nos prospects souhaitent simplement connaître la fin de l'histoire.

Récapitulons à nouveau.

Notre invitation pour notre histoire-deux-minutes était courte. Elle ne durait que quelques secondes. La voici à nouveau :

« J'ai une bonne histoire. Elle dure à peine deux minutes. Elle pourrait te permettre de faire beaucoup d'argent, ou pas. Tu veux l'entendre ? »

Invitation courte... mais efficace.

Mais qu'en est-il de notre présentation histoire-deux-minutes ?

Nous avons jusqu'à maintenant quatre phrases enfilées dans notre histoire-deux-minutes. Qu'avons-nous accompli avec ces quatre phrases ?

1. Nous avons amené nos prospects à rêver.

2. Nos prospects nous ont dit combien d'argent ils auraient besoin pour ne plus jamais devoir retourner au travail.

3. Nous avons décrit brièvement à nos prospects les produits et services que nous représentons et les avons rassurés sur le fait qu'il existe un marché réel.

4. Nos prospects se disent maintenant : « Ouais ! Ça me semble être une bonne compagnie avec d'excellents produits et services. »

Alors assemblons ces quatre phrases pour donner forme à notre histoire. Voici un exemple :

L'histoire.

« Ça t'irait de ne plus jamais devoir travailler ?

« Alors de combien d'argent aurais-tu besoin par mois pour payer toutes tes factures et ne plus devoir retourner au travail ?

« Eh bien, tu sais comme moi que tout le monde reçoit une facture d'électricité ?

« Il existe une compagnie du nom de Compagnie Merveilleuse qui aide les gens à réduire cette facture. »

C'était simple et facile. Nos quatre phrases ont fait le travail.

Quel diriez-vous de quelques exemples supplémentaires...

« Ça te conviendrait de ne plus jamais devoir travailler ?

« Alors de combien d'argent aurais-tu besoin mensuellement, disons pour couvrir tes factures principale et ne plus devoir te pointer au boulot ?

« Eh bien, tu sais à quel point les gens sont toujours à la recherche de produits pour amaigrissants pour perdre quelques livres ?

« Il y a une compagnie, du nom de Compagnie Merveilleuse, qui aide les gens à perdre du poids de façon naturelle, simplement en utilisant leurs formules de boissons exclusives au déjeuner. »

***

« Ça te dirait de ne plus jamais devoir retourner au travail ?

« Alors dis-moi, de combien d'argent aurais-tu besoin chaque mois pour couvrir tes factures principales et ne plus être obligé de travailler ?

« Eh bien, tu sais combien les gens sont concernés par l'environnement aujourd'hui ?

« Il y a une compagnie, que l'on surnomme la Compagnie Merveilleuse, qui a développé des produits d'entretien ménager écologiques et non toxiques que les gens peuvent utiliser dans leurs maisons. »

***

« Ça te conviendrait de ne plus jamais devoir travailler pour vivre ?

« Dis-moi alors, de combien d'argent aurais-tu besoin, disons chaque mois, pour couvrir tes factures principales et te permettre de ne plus jamais devoir travailler ?

« Eh bien, tu sais combien les femmes dépensent une fortune pour retarder l'apparition des rides ?

« Il y a une compagnie, la compagnie Merveilleuse, qui a développé un sérum qui réduit l'apparence des rides en 60 secondes. »

***

« Est-ce que ça t'irait de ne plus jamais avoir à travailler ?

« Alors dis-moi, combien d'argent par mois te permettrait de payer toutes tes factures et de laisser tomber ton travail ?

« Eh bien, tu sais comme moi que tout le monde reçoit une facture de téléphone cellulaire chaque mois ?

« Il y a une compagnie qui porte le nom de Compagnie Merveilleuse et, qui offre la possibilité de réduire les factures de téléphones cellulaires de 25%, 50% ou même 100%. »

D'accord, c'était rapide.

Nous avons progressé de quatre phrases dans notre histoire-deux-minutes. Et combien de temps nous a-t-il fallu ?

Environ 25 secondes !

Nous avançons rapidement et les choses se précisent pour nos prospects tout en devenant de plus en plus intéressantes.

Les quatre premières phrases de notre histoire-deux-minutes jettent les bases.

La vraie magie ?

La portion la plus excitante de notre présentation débute maintenant. Les quatre prochaines phrases sont un peu plus complexes et feront le plus gros du travail. Commençons.

LA SECONDE PARTIE DE NOTRE HISTOIRE-DEUX-MINUTES DÉBUTE.

C'est le moment de livrer la marchandise. Nos prospects ont divulgué le montant mensuel dont ils auraient besoin pour ne plus jamais devoir travailler. Nous devons leur présenter un plan pour y arriver.

C'est le mandat de cette seconde partie de notre histoire-deux-minutes. L'intérêt de nos prospects envers notre histoire est palpable.

La prochaine phrase.

Cette phrase est longue et complexe. Et nous devrons modeler cette phrase pour s'ajuster à notre opportunité d'affaire. Simplifions les choses pour les fins du livre. Nous allons utiliser un seul type de produit/compagnie pour le moment. Nous allons tous représenter des produits de perte de poids pour développer les quatre prochaines phrases.

Voici un exemple de la première des quatre phrases qui s'ajoutent à notre présentation. Attachez-vous bien et gardez confiance… nous la décortiquerons par la suite. Souvenez-vous que nous représentons, pour les besoins de la cause, des produits de perte de poids.

« Maintenant, si tu souhaitais ne plus jamais devoir travailler, tout ce que tu devrais faire c'est de dénicher, éventuellement, 125 personnes qui désirent sérieusement perdre du poids et ne plus jamais le reprendre en changeant tout simplement ce qu'ils avalent au petit déjeuner. »

Quoi ? ? ?

Ouf, beaucoup de choses se sont passées ici. Regardons ça de plus près.

Primo, nous avons débuté avec le mot « Maintenant. » Pourquoi ? Parce que nous avons besoin de récupérer l'attention de nos prospects. Leurs esprits sont encore accrochés aux phrases précédentes. On doit faire une coupure dans leurs pensées.

À quoi veut-on que nos prospects pensent ? On souhaite leur rappeler l'objectif de notre histoire. On veut qu'ils baignent mentalement dans l'émotion de ne plus jamais devoir travailler. En utilisant le mot « Maintenant, » on leur donne un électrochoc pour les ramener à l'instant présent et écouter les prochains mots.

Et quels sont ces prochains mots ? « Si tu souhaitais ne plus jamais devoir travailler. »

À cet instant, nous avons récupéré toute leur attention. Nos prospects visualisent ce que seraient leurs vies sans l'obligation de travailler. Ils souhaitent vite apprendre comment cela pourrait se concrétiser. Nos prospects sont sur le bout de leurs sièges.

Nous poursuivons avez les mots : « tout ce que tu devrais faire, c'est… »

Quel est l'impact de ces mots chez nos prospects ? Ces mots déclenchent une émotion dans leurs esprits. La voici : « J'ai le sentiment que ce sera facile, ou du moins, simple à comprendre. » Nos prospects sont déjà en harmonie avec les mots qui vont suivre. Ce qui permet à notre histoire de poursuivre sa route sans entraves dans leurs esprits. Et ils adorent le fait qu'on en vienne rapidement aux faits.

Comment expliquons-nous notre entreprise ?

Si on s'adressait à 100 réseauteurs en marketing de réseau, 95 d'entre eux ne sauraient expliquer le fonctionnement de leurs plans de rémunération. Alors si les distributeurs eux-mêmes ne savent pas, comment pourrions-nous espérer que nos prospects le comprennent en 15 à 20 secondes ? Impossible !

De plus, nos prospects ne sont pas intéressés par le plan de rémunération pour le moment. Cette information deviendra intéressante pour eux s'ils décident de joindre votre entreprise. Soyons gentils avec nos prospects. Offrons-leur l'information qu'ils souhaitent connaître, point barre. Après tout, c'est **leur** histoire, non ?

Que souhaitent savoir nos prospects sur notre entreprise ? À cette étape de leur analyse, peu de choses. Ils désirent une vue d'ensemble.

Règle générale, voici ce à quoi ils pensent : « Qu'est-ce que je devrai faire ? Est-ce que je dois obtenir un Doctorat en nutrition ? Est-ce que je devrai dépenser des millions en publicité ? Est-ce que je devrai louer un espace de bureau et endosser le contrat de location ? De combien d'employés vais-je avoir besoin ? Est-ce que je devrai cogner à la porte de mes voisins et les supplier d'acheter mes produits ? Est-ce que je devrai retourner à l'école ? »

On peut mettre fin à tous ces questionnements avec une explication toute simple. Nous allons leur dire précisément ce qu'ils devraient faire pour gagner suffisamment d'argent afin de ne plus jamais devoir travailler. Ce qui devrait provoquer un soupir de soulagement chez nos prospects.

Tous les détails au sujet de l'historique de la compagnie, les recherches, les brevets, la longévité, etc. pourront être utilisés plus tard. Si nos prospects ne sont pas intéressés, ils n'ont nul besoin de connaître cette information. Si au contraire ils désirent se joindre à votre équipe, ils vous demanderont cette information. Et ce sera après avoir terminé votre histoire-deux-minutes.

Notre plus grand défi est de simplifier notre entreprise au maximum et le faire dans des termes que nos prospects pourront comprendre. Ils veulent l'information en quelques secondes.

Est-ce que nos prospects comprennent le marketing de réseau ? Est-ce qu'ils connaissent la signification des termes niveaux, parrainer, pattes et bonus équivalent ?

Non. On ne peut donc pas utiliser ces mots et on n'a pas à utiliser ces notions pour l'instant. Ça ne fait pas partie de l'univers de nos prospects. Bien entendu, il y aura des exceptions, des gens qui ont déjà quelques notions de marketing de réseau… mais ceux souhaiteront tout de même obtenir ces détails beaucoup plus tard, après avoir déterminé s'ils ont un intérêt, ou pas.

Comment le prospect moyen conçoit une entreprise ?

En utilisant les termes les plus simples possibles, nos prospects conçoivent une entreprise en termes de clients. Ils ont en tête un propriétaire de commerce, assis au comptoir caisse dans un petit magasin. Nos prospects sont familiers avec le concept de clients qui achètent et utilisent des produits et services. Si un plus grand nombre de clients visitent le magasin, on fait plus d'argent. Si moins de clients entrent dans le magasin, les profits baissent.

Alors adressons-nous à nos prospects dans des termes qu'ils connaissent. Nous allons parler de clients. Et nous allons fusionner distributeurs et clients pour obtenir des chiffres simplifiés. (Pas de panique. Il existe une autre façon de faire, nous allons couvrir le sujet tout à l'heure.)

Pour le moment, nous allons mettre de coté les particularités et les points forts de notre plan de rémunération et l'histoire de notre compagnie. Nous allons plutôt parler en termes de clients satisfaits de nos produits et services.

C'est maintenant l'heure des mathématiques.

Vous vous souvenez la seconde phrase de notre histoire-deux-minutes ? Nous demandions à nos prospects de combien d'argent ils auraient besoin pour ne plus jamais devoir travailler.

Dans notre exemple, notre prospect avait répondu 5,000$ par mois. Notre prochaine tâche dans cette histoire-deux-minutes est donc de lui décrire ce qu'il devra faire pour générer cet argent.

Nous allons donner à nos prospects un aperçu et simplifier au maximum afin qu'ils puissent se faire une tête. Si notre explication est trop complexe, nos prospects tomberont en mode questionnement et contemplation. Ils pourraient ne plus jamais en sortir.

Simple. C'est le mot sur lequel on doit se concentrer pour le moment. Simple.

Dans notre exemple de produits amaigrissants, de combien d'utilisateurs (clients et distributeurs fusionnés) aurions-nous besoin pour générer 5,000$ par mois ? Pour le volet mathématique, c'est le seul montant dont nous avons besoin.

Maintenant, vous pourriez vous demander : « Eh bien, ça dépend. Est-ce que tous les clients sont des clients personnels ? Et si 25% de ces clients sont à mon troisième niveau ? Ou cela pourrait dépendre de ma qualification dans le plan de rémunération. »

Oui, nous pourrions créer des centaines de scénarios et structures d'organisations et en arriver à des centaines de réponses différentes. Mais ça n'est pas le moment de se compliquer la vie. Souvenez-vous, notre mot d'ordre est : simple.

Nous allons utiliser le chiffre le plus représentatif possible. Nous pourrions naturellement manipuler les chiffres pour gonfler ou réduire le nombre de clients nécessaires, mais ça n'est pas ce que nos prospects souhaitent. Ils veulent avoir une idée générale du travail à accomplir.

Alors pour leur faciliter les choses, nous allons leur soumettre un seul scénario. Plus tard, durant une formation par exemple, nous pourrons discuter avec eux des différentes variables qui peuvent influencer les revenus selon la structure d'organisation, le niveau, le nombre de clients, etc.

Voici ce qu'on dit à nos prospects.

« Maintenant, si tu souhaitais ne plus jamais devoir travailler, tout ce que tu devrais faire, c'est de trouver, éventuellement, 125 personnes qui désirent sérieusement perdre du poids et ne plus jamais le reprendre en changeant ce qu'ils prennent au petit déjeuner. »

Comment en sommes-nous venus à 125 personnes ? Mathématiques de base.

On a estimé que le profit et le bonus par client au détail se situe à 40$. Alors pour gagner 5,000$ par mois, nous aurions besoin de 125 clients.

Nous aurions pu estimer que le profit par clients est de 1$, 10$ ou même 100$. Tout dépend de nos produits et services, et de quelle façon on souhaite adapter notre présentation. Dans le cas présent, nous avons utilisé 40$ par client pour nos produits amaigrissants.

Pour nos prospects, l'équation est simple. 5000$ par mois représente 125 clients qui souhaitent perdre du poids et ne plus jamais le reprendre en changeant ce qu'ils mangent au petit déjeuner. Plus tard, lorsqu'ils feront partie de notre équipe, on pourra élaborer d'autres scénarios.

Il faut mettre en veilleuse toutes vos réflexions complexes pour le moment. Ce qui compte, c'est ce que pensent nos prospects.

Nos prospects manquent d'oxygène.

Quand nos prospects entendent qu'il leur faudra trouver 125 clients, ils prennent panique.

Ils se disent : « Je ne connais pas 125 personnes. Oh la, c'est beaucoup trop difficile. Je ne suis pas un vendeur. À qui pourrais-je bien parler ? C'est impossible ! »

Du calme…

C'est ce que tout le monde penserait aussi.

Nous allons réduire considérablement leur état de stress avec notre prochaine phrase. Et soyez rassurés, c'est une bonne chose pour nos prospects de vivre ce bref instant de panique.

De retour à nos prospects.

Regardons à l'intérieur du cerveau de nos prospects afin de découvrir à quoi ils pensent. Ils se disent peut-être :

« Je suis emballé par l'idée de ne plus jamais devoir travailler. Tu as dis que ce serait simple. Eh bien, c'est peut-être simple pour toi, mais c'est impossible pour moi. Aussi enthousiaste que je puisse être à l'idée de ne plus travailler, je ne m'imagine pas du tout recruter 125 clients. Je sens la déprime qui m'envahit. J'étais vraiment emballé par l'idée de quitter mon emploi à jamais. »

Nous avons expliqué à nos prospects ce qu'il leur fallait accomplir. Notre explication était très claire.

Nous allons aider nos prospects à se remettre sur les rails avec la prochaine phrase de notre histoire.

Mais auparavant, nous allons examiner d'autres exemples pour résumer la tâche à accomplir pour générer 5,000$ par mois avec d'autres types de produits-services.

D'autres exemples de ce que les prospects devraient faire.

Nous allons adapter cette explication synthétisée à d'autres produits et services. Souvenez-vous, nos prospects pensent en termes de « clients qui achètent des choses, » et il est trop tôt pour eux de découvrir notre plan de rémunération. On se limite donc à décrire de façon générale ce qu'il faut faire. Nos prospects veulent un résumé simple. Les détails pourront suivre plus tard s'ils désirent de s'impliquer.

Voici quelques exemples :

« Tout ce que tu devrais faire, c'est d'amener 10 femmes par mois à changer leurs produits cosmétiques en adoptant notre ligne de produits de luxe qui combat les rides qu'elles détestent tant. Et c'est ainsi que, dans un an environ, tu ajouteras 5,000$ par mois à tes revenus. »

« Tout ce que tu devrais faire, c'est de distribuer nos échantillons de vitamines en sachets à des gens qui consomment déjà des vitamines. Plusieurs demeureront fidèles à leurs vitamines, mais certains vont adorer les résultats qu'ils obtiennent avec les nôtres et deviendront clients pour la vie. Un de ces quatre, tu auras trouvé 200 personnes qui te commanderont leurs vitamines directement. Et c'est à ce moment que tu gagneras environ 5,000$ par mois. »

« Tout ce que tu devrais faire c'est, en commençant par toi, et tous les gens que tu connais, et tous les gens qu'ils connaissent, et ainsi de suite, c'est d'accumuler 250 personnes qui désirent éliminer les produits chimiques de la maison et entrer des produits écologiques et non toxiques. Et c'est alors que tu ajouterais 5,000$ par mois à tes revenus. »

(Cette approche aide les prospects à comprendre plus facilement les grands nombres de clients. Ils réalisent qu'ils ne seront pas seuls à contacter et recruter tout ce monde.)

« Tout ce que tu devrais faire, ce serait de dénicher 20 personnes fiables qui désirent travailler à temps partiel et gagner de l'argent en aidant leurs voisins à réduire leur factures de services. Tu leur montreras comment trouver de nouveaux clients chaque semaine, et comment être disciplinés dans leur implication à temps partiel. Et c'est ainsi que tu pourrais recevoir 5,000$ de plus par mois. »

(Si le revenu par client est petit, on pourrait utiliser cette explication simplifiée. Suffit de décrire le nombre de bons distributeurs à temps partiels nécessaire pour produire un grand nombre de clients.)

« Tout ce que vous devriez faire, c'est de trouver des gens qui adorent voyager fréquemment, et qui aiment payer moins cher leurs forfaits voyages. Et c'est en accumulant environ 120 voyageurs assidus que recevriez un supplément de 5,000$ par mois. »

« Tout ce que vous devriez faire, c'est d'amener, éventuellement, 200 familles qui se soucient de l'environnement à changer leurs produits de nettoyage chimiques pour des produits écologiques et non toxiques. Vous gagneriez alors 5,000$ de plus par mois. »

« Tout ce que tu devrais faire, c'est de trouver 500 personnes qui désirent réduire leurs factures de téléphone, et les aider à le faire grâce à notre service. C'est ainsi que tu ajouterais 5,000$ par mois à tes revenus. »

« Mais ça n'est pas là toute l'histoire. Ils doivent en savoir un peu plus ! »

Notre histoire n'est pas terminée ! Mais ça n'est toujours pas le moment d'insérer les petits détails, les mises en garde, les nuances du plan de rémunération et les stratégies d'acquisition de nouveaux clients. Tout ça viendra plus tard, si nos prospects désirent en savoir plus. Pour l'instant, encore une fois, ils veulent un « résumé de ce qu'ils devraient faire. »

Nos prospects cherchent à déterminer si c'est quelque chose de possible pour eux. Est-ce que ça nécessite des compétences particulières ? Est-ce qu'ils devront faire quelque chose de trop inconfortable ?

Notre histoire-deux-minutes est axée sur les besoins de nos prospects, et non sur notre entreprise. On doit focaliser sur ce que nos prospects recherchent comme informations, rien de plus.

Alors où en sommes-nous maintenant ?

Nos prospects étaient stimulés par cette nouvelle perspective de vie. Puis nous avons broyé leurs rêves en les informant qu'ils devraient trouver des centaines de clients. Nos prospects se disent : « Triste. J'avais déjà imaginé une retraite anticipée. Des voyages autour du monde. Me consacrer enfin à mes passions. Mais je ne connais pas autant de gens. De plus, je suis timide et je ne sais pas quoi dire. Je n'ai aucune idée comment aller chercher autant de gens pour concrétiser mes rêves. »

Et c'est alors que nous volons à la rescousse.

Grâce à notre prochaine phrase, nos prospects se sentiront soulagés. Pour ce faire, nous allons lire dans leurs pensées et insérer une technique astucieuse pour gagner leur confiance.

NOS PROSPECTS REGAGNENT ESPOIR.

Dans le dernier chapitre, nous avons laissé nos prospects mal en point avec peu d'espoir de pouvoir un jour intéresser des centaines de clients. Leurs pensées ont été prises d'assaut par ce problème. On ne peut pas les laisser dans cet état de désarroi. On doit vite regagner leur attention. Pour une seconde fois, nous allons utiliser le mot « maintenant » pour ramener à la surface leurs pensées.

Voici les prochaines phrases. Plusieurs choses se dérouleront encore une fois à l'intérieur de ces phrases, mais ne vous en faites pas. Nous allons les décortiquer par la suite et décrire leur fonctionnement. Poursuivons avec notre exemple de produits de perte de poids.

Les prochaines phrases.

« Maintenant, tu ne sais pas comment trouver 125 clients, mais tu peux l'apprendre. Tu as appris à utiliser un téléphone intelligent, tu as appris à conduire une voiture, et tu peux certainement apprendre un système pour trouver 125 personnes qui sont disposées à changer ce qu'ils mangent au petit déjeuner. »

Examinons pourquoi ça fonctionne.

« Maintenant » capte l'attention de nos prospects et les amène à refocaliser sur notre conversation. On ne peut pas se permettre de laisser nos prospects se perdre dans leurs pensées. On a besoin de toute leur attention.

« Tu ne sais pas comment trouver 125 clients. »

Oui, nous sommes clairvoyants. C'est exactement ce à quoi ils pensaient. Nos prospects n'en reviennent pas : « Wow ! Tu peux lire dans mes pensées. Je me sentais totalement déprimé et tu l'as ressenti. Tu as saisi l'ampleur de mon désespoir. J'aimerais bien trouver 125 clients, mais je n'ai aucune idée comment y arriver. Enfin quelqu'un qui me comprend. »

« Mais tu peux l'apprendre. »

À quoi pensent nos prospects maintenant ?

« Appendre ? Hmmm, je n'en suis pas convaincu. J'ai essayé d'apprendre au lycée et c'était plutôt pénible. J'ai de sérieux doutes. »

On ne veut pas commettre d'erreur ici. On peut bien leur dire qu'ils peuvent apprendre, mais ils doivent y croire. On ne veut pas poursuivre notre histoire-deux-minutes avant de s'être assuré que nos prospects croient fermement pouvoir acquérir ces nouvelles compétences. Et quelle est la meilleure façon de créer cette certitude ?

Nous allons rappeler à nos prospects leurs expériences d'apprentissages réussis. Avec un exemple de réussite, l'esprit arrive à croire : « Oui, c'est possible. »

Mais nous irons plus loin. Nous allons leur fournir un deuxième exemple. Avec deux exemples d'apprentissages réussis dans leur passé, nos prospects se diront : « Bien sur que je peux apprendre quelque chose de nouveau. Je l'ai fait à maintes reprises par le passé. »

Tout ce que nous devons faire, c'est de sélectionner des expériences d'apprentissages réussis dans le passé de nos prospects. Soyons professionnels et choisissons des expériences auxquelles nos prospects peuvent s'identifier. Voici quelques exemples.

« Tu as appris à utiliser un téléphone intelligent, tu as appris à conduire une voiture. »

Ce sont de super exemples pour la plupart des gens, mais pas tous. Par exemple, si notre prospect ne conduit pas de véhicule ? Nous pourrions alors dire ceci :

« Tu as appris à utiliser la télécommande de ta télé, et tu as appris à danser. »

Parfait pour les prospects qui écoutent la télé et savent danser. Mais si le prospect n'a aucun talent pour la danse ? On pourrait alors dire :

« Tu as appris un tas de choses pour occuper ton emploi actuel et tu as appris à faire la navette soir et matin pour t'y rendre et revenir à la maison. »

Continuons.

Nous avons maintenant des prospects convaincus de pouvoir apprendre ce qu'il faudra pour y arriver. Il fallait s'assurer de consolider cette croyance avant de poursuivre car sans elle, l'autre portion de la phrase n'aura aucun impact.

« Et tu peux certainement. »

Inutile de faire appel à un scientifique de la NASA pour comprendre que ces mots fournissent à nos prospects la certitude que ce qui suit sera sans doute vrai. À cette étape de la présentation, nos prospects devraient être de retour sur les rails et prêts à croire qu'ils ont ce qu'il faut pour...

« ... Apprendre un système. »

Le mot « système » stimule bon nombre de pensées dans la tête de nos prospects. Ils adorent les systèmes. Ils croient instinctivement que les systèmes fonctionnent. Et une question hante leurs esprits lorsqu'ils analysent une opportunité d'affaire. Cette question est : « S'il existait un système infaillible pour réussir... Et si je ne faisais que suivre ce système ? »

La franchise McDonald's est célèbre pour son système. N'importe-quel adolescent de 16 ans peut entrer dans le système, suivre les instructions et faire des burgers. Les forces armées recrutent des jeunes de 18 ans pour piloter des avions à réaction qui valent plusieurs millions de dollars. L'armée utilise un système. Nos prospects peuvent s'imaginer en train de lire le manuel du système et d'y apprendre l'ABC de quelque chose qu'ils ne connaissent pas du tout. Ils croient pouvoir apprendre de nouvelles choses dans un système, alors ce mot décrochera un sourire en coin dans leurs visages.

Est-ce que votre compagnie offre un système ? Bien sur que oui. Nos prospects ont droit aux formations offertes par la compagnie, à leur ligne de support, et bien sur, à nous. Notre système peut être formel ou informel, mais nous avons tous un système en place pour obtenir les résultats désirés.

Souvenez-vous du mot « système, » car nous l'utiliserons dans le prochain chapitre pour répondre aux objections. Par exemple, nos prospects pourraient dire : « Mais je ne connais personne. »

Notre réponse sera : « Bien sur que tu ne connais personne. Notre système t'enseignera comment trouver autant de prospects que tu le souhaites. »

Notre opportunité devient de plus en plus accessible et réalisable pour nos prospects.

Nous allons élaborer davantage sur les systèmes dans le prochain chapitre.

GÉRER LES DÉCISIONS DE NOS PROSPECTS.

Plus tôt, nous avons élaboré une stratégie : « restreindre l'entonnoir du processus de décision. » Nous avons mentionné comment les présentations conventionnelles génèrent trop de questions sans réponses. Nous utilisons le mot « système » pour maintenir cet entonnoir bien en place. Nous pouvons l'utiliser pour répondre à toutes les questions que pourraient se poser nos prospects : « Vous l'apprendrez dans le système. »

Les nouveaux distributeurs n'ont pas toutes les réponses à toutes les questions, alors c'est parfait pour eux. Mais cette réponse est tout aussi formidable pour les prospects.

Voici quelques exemples.

Prospects : « Je ne saurais comment trouver des gens qui veulent perdre du poids. »

Nous : « Ne t'en fait pas. Tu l'apprendras dans le système. »

Prospects : « Je ne sais pas comment parler aux gens comme un vendeur. »

Nous : « Ne t'en fait pas. Tu apprendras comment aborder les gens facilement quand tu baigneras le système. »

Prospects : « Je ne suis pas à l'aise de parler aux étrangers. »

Nous : « Sois sans crainte. Tu deviendras très à l'aise avec les étrangers grâce au système. »

Prospects : « Je ne sais pas comment développer cette entreprise, ni aucun autre type d'entreprise d'ailleurs. »

Nous : « Pas de problème. La compagnie ne s'attend pas à ce que tu sois compétent dans cette industrie avant même de commencer. C'est la raison pour laquelle on donne des formations. Tu apprendras comment développer ton entreprise étape par étape dans le système. »

Nous allons répondre aux questions de nos prospects en se référant au « système. » Ce qui procurera à nos prospects la confiance nécessaire pour croire qu'ils peuvent développer une entreprise à succès.

Mais revenons à la gestion de l'entonnoir décisionnel de nos prospects. Il est tout à fait injuste de demander à nos prospects de prendre une décision finale alors qu'ils ont tout un tas de questions sans réponses. Presque toutes les questions qui trottent dans l'esprit de nos prospects peuvent être gérées en disant : « Tu l'apprendras dans notre système. »

On souhaite faciliter la décision de nos prospects.

Comment ?

En permettant à nos prospects de ne pas se soucier de questions telles que :

- « Est-ce que je suis capable de le faire ? »
- « Et s'il y a quelque chose que je ne sais pas faire ? »
- « Est-ce que ce sera difficile pour moi d'apprendre ? »
- « Et si je n'ai pas les bons contacts. »
- « Comment être certain que je peux y arriver ? »

Nous répondons à toutes ces questions en mentionnant à nos prospects qu'ils apprendront ces choses dans notre système.

Notre système s'occupe de tout !

Nos prospects n'ont plus qu'une seule question.

Si notre système apaise toutes leurs préoccupations sur leur capacité de connaître du succès dans notre entreprise, une seule question demeure.

« Est-ce que je souhaite apprendre ce système afin de développer une entreprise qui pourrait changer ma vie ? »

C'est tout.

Nous avons éliminé toutes les questions superflues et toutes les distractions dans l'esprit de nos prospects. Ils ne leur reste plus qu'à décider s'ils souhaitent apprendre un système et changer le cours de leurs vies… ou non.

C'est une façon beaucoup plus conviviale d'offrir une présentation à nos prospects. Ils n'ont pas à vivre le stress relié à une multitude de facteurs de risques ou encore, la possibilité de prendre une mauvaise décision. Les prospects apprécient au plus haut point les explications simples qui rendent leurs décisions faciles à prendre.

Pour terminer, un simple rappel.

Plus tôt dans notre présentation, nous avons décrit à nos prospects les activités spécifiques qu'ils doivent effectuer pour générer 5,000$ par mois. Nous les avons rassurés en leur présentant le système. Nous devons maintenant fermer la boucle de notre présentation avec ces quelques mots :

« Et c'est à ce moment que tu pourrais ajouter 5,000$ à tes revenus chaque mois. »

En effet, on doit rappeler notre promesse à nos prospects. Voilà qui complète notre présentation, il est maintenant temps pour eux de prendre leur décision.

ONZE MOTS ÉPROUVÉS.

Dans le chapitre précédent, nous avons continué à gérer l'entonnoir décisionnel de nos prospects. Nous n'allons pas torturer les prospects en leur demandant de prendre une décision avec autant de questions sans réponses dans leurs esprits.

Nous allons plutôt limiter la prise de décision de nos prospects à deux options :

1. Poursuivre leurs vies en ne changeant rien…

ou,

2. Joindre notre entreprise et apprendre un système.

Ce sont deux choix très distincts.

Deux choix qui facilitent la tâche à nos prospects dans leur prise de décision.

Nous allons donc utiliser ces mots pour inciter nos prospects à prendre cette décision, sans stress inutile.

Terminé les regards suspicieux, les silences inconfortables ou les techniques de manipulation et de vente à pression. Nous allons plutôt leur poser une question tout à fait naturelle, simple et facile à répondre pour eux. Voici la question :

« Alors, qu'est-ce qui sera le plus simple pour toi ? »

C'est tout. Onze mots. Mais avant de donner à nos prospects deux choix, parlons un peu de ces onze mots éprouvés.

Comment se sentent nos prospects en entendant ces mots ? Voici quelques unes de leurs pensées :

« Il semble que je vais avoir quelques options. Fantastique. Je ne suis pas en présence d'un vendeur qui va tenter de me pousser au pied du mur. Je peux décider ce que je veux. »

« J'adore les gens qui m'offrent des choix. J'aime avoir de nouvelles options dans ma vie. »

« Wow. Cette personne m'offre de choisir l'option la plus simple pour moi. Cette personne a mes intérêts à cœur. Pas d'agenda caché. J'ai presque envie de lui faire l'accolade. »

« Eh bien, laisse-moi choisir l'option la plus facile. Et lorsque j'aurai choisi cette option, je n'aurai plus à y penser. Je peux prendre ma décision maintenant. »

« Je ne suis pas idiot. Je suis programmé pour choisir les options les plus faciles, et non les plus difficiles. Je vais choisir l'option la plus simple, c'est une évidence. »

Ces onze mots sont doux à l'oreille de nos prospects. Ils indiquent aussi que notre présentation est terminée. C'était plutôt court. À peine plus d'une minute et certainement moins de deux minutes. Et, nos prospects n'ont pas à affronter un vendeur à pression. Nos prospects prennent leurs décisions et peuvent immédiatement se détendre. Ils savent déjà si notre opportunité leur convient ou pas.

C'est maintenant le moment d'offrir aux prospects nos deux options.

Deux options.

On prépare nos prospects en disant : « Alors, qu'est-ce qui sera le plus simple pour toi ? »

1. Poursuivre leurs vies en ne changeant rien…

ou,

2. Joindre notre entreprise et apprendre un système.

C'est tout.

Les options sont simples. On ne met pas la pression sur nos prospects. On s'assure que le choix soit simple.

Le choix que nous leur offrons en premier a-t-il de l'importance ? Non. Nous avons figé l'esprit de nos prospects en utilisant ces onze mots. Nous avons leur attention absolue. Inutile de se soucier du choix à présenter en premier. Présentons nos deux options dans l'ordre qui nous semble le plus naturel.

Inspectons ces deux options.

#1. Poursuivre leurs vies en ne changeant rien…

Nous respectons le fait que certains de nos prospects souhaitent conserver leurs vies actuelles. C'est une option que nous leur offrons et c'est celle qu'ils choisissent. Ils n'ont pas à changer. Ils le savent déjà de toute façon, alors inutile d'essayer de taire cette option. Ils se sentent bien puisque nous avons respectueusement accepté le fait que ne rien changer à leurs vies est une option valable pour eux.

Ce qu'on dit ensuite variera selon la situation du prospect qui se trouve devant nous. Pourquoi ? Parce que chacun de nos prospects vit des situations différentes. Pour certains prospects, nous pouvons rappeler que ne rien changer implique qu'ils continueront à tenter de joindre les deux bouts avec un seul chèque de paie. Pour d'autres prospects, nous pouvons faire référence à la difficulté de travailler avec leurs patrons actuels.

#2. Notre solution soit : joindre notre entreprise, apprendre un système et changer leurs vies.

Une autre occasion pour nous de rappeler à nos prospects le bénéfice d'un système simple pour développer leurs entreprises.

Souvenez-vous que nous limitons la décision de nos prospects à celle d'apprendre un système ou pas. Il n'y a pas d'autres choix.

Voici quelques exemples pour donner le ton.

« Alors, qu'est-ce qui sera le plus simple pour toi ? Continuer à faire la navette deux heures par jour et travailler pour l'éternité ? Ou apprendre un système pour trouver 125 clients qui souhaitent perdre du poids en changeant ce qu'ils mangent au déjeuner ? »

Un choix plutôt facile. Voyons d'autres exemples.

« Alors, qu'est-ce qui sera le plus simple pour toi ? Continuer à placer tes enfants au service de garde, payer d'autres gens pour regarder tes enfants grandir et, espérer trouver un peu de temps à partager avec eux le week-end ? Ou apprendre un système pour trouver 500 personnes qui désirent épargner sur leurs factures de téléphone ? »

« Alors, qu'est-ce qui sera le plus simple pour toi ? Retourner au travail chaque jour en espérant que ton patron t'accorde une augmentation de 25% comme par magie afin que tu puisses offrir l'école privée à tes enfants ? Ou apprendre un système pour aider 200 familles à choisir des produits d'entretiens écologies et sécuritaires plutôt que des produits toxiques ? »

« Alors, qu'est-ce qui sera le plus simple pour toi ? Continuer à travailler d'arrache-pied jusqu'à l'âge de 65 ans et ensuite, espérer être suffisamment en santé pour jouir de ta retraite ? Ou plutôt, apprendre un système pour amener 200 personnes à utiliser nos produits de soins de peau naturels, et te faire gagner suffisamment d'argent pour prendre ta retraite dans trois ans ? »

« Alors, qu'est-ce qui sera le plus simple pour toi ? Continuer à te lever chaque matin au son d'une alarme et ramper jusqu'au travail ? Ou apprendre un système pour aider 45 personnes à démarrer leur propre entreprise à temps partiel, tout en permettant à leurs voisins de réduire leurs factures de services ? »

« Alors, qu'est-ce qui sera le plus simple pour toi ? Sombrer dans la déprime chaque dimanche soir parce que la fin de semaine est terminée ? Ou apprendre un système pour accumuler 300 familles qui souhaitent réserver leurs vacances en faisant appel à tes services ? »

« Alors, qu'est-ce qui sera le plus simple pour toi ? Passer ta vie entière dans un emploi que du détestes ? Ou apprendre un système pour aider 200 familles à changer leurs façons de magasiner ? »

« Alors, qu'est-ce qui sera le plus simple pour toi ? Retourner à l'école pour quatre années et obtenir ton diplôme en comptabilité pour mériter une augmentation ? Ou apprendre un système pour partager un nouveau modèle de nutrition à sept personnes chaque semaine ? »

ASSEMBLER LES PIÈCES DU CASSE-TÊTE.

Bien, nous avons maintenant toutes les pièces. Que diriez-vous de les assembler pour créer notre première présentation histoire-deux-minutes complète. Dans l'exemple plus bas, nous avons ajouté un petit résumé après chaque phrase pour se rappeler du volet stratégique de chacune décrit plus tôt.

L'histoire.

J'ai une bonne histoire. (Nous avons capté leur attention.)

Elle dure à peine deux minutes. (Elle est courte. Ils veulent l'entendre tout de suite.)

Elle pourrait te permettre de faire beaucoup d'argent, ou pas. (Argent ? Nous avons leur intérêt. Ou pas. Nous avons grimpé leur intérêt d'un cran.)

Tu veux l'entendre ? (Bien entendu. Maintenant.)

Est-ce que ça t'irait de ne plus jamais devoir travailler ? (Nous avons éveillé leurs rêves.)

Alors de combien d'argent aurais-tu besoin pour ne plus jamais devoir travailler ? (On souhaite obtenir le montant de leurs dépenses mensuelles. Nous allons utiliser cette information plus tard pour leur expliquer ce qu'ils devront faire pour gagner cet argent. Dans notre exemple, le prospect nous a donné le chiffre de 5,000$ par mois pour couvrir ses factures et pouvoir quitter son emploi à jamais.)

Eh bien, tu sais à quel point les gens adorent embaucher un avocat pour embêter le proprio, pour remettre la monnaie de sa pièce au nettoyeur, obtenir un remboursement du mécano, et annuler ces billets de contraventions stupides qu'on nous a remis par erreur ? (Notre prospect pense : « Oh oui. Tout le monde a besoin de ça. »)

Il y a une compagnie qui s'appelle Avocats-incroyables-par-téléphone qui offre ce service pour seulement 30$ par mois. (Ils savent maintenant ce qu'offre notre compagnie.)

Maintenant, si tu souhaitais ne plus jamais devoir travailler, tout ce que tu devrais faire, c'est d'informer les gens de notre offre alléchante, et d'accumuler éventuellement 500 personnes qui utilisent notre service. (Ils s'imaginent en parler à un groupe d'employés dans la salle à dîner mais, 500 personnes représente un chiffre moins accessible.)

Maintenant, tu n'as probablement aucune idée comment amener 500 personnes à utiliser notre service, mais tu peux l'apprendre. (Le prospect se sent beaucoup mieux sachant qu'on comprend qu'il puisse être un peu abasourdi par ce chiffre.)

Tu as appris à conduire une voiture, tu as appris à utiliser un ordinateur portable, et tu peux certainement apprendre un système pour parler à quelques personnes par jour, jusqu'à ce que 500 personnes utilisent le service. (Système ? Ils se disent : « Bien sur je peux apprendre. »)

Et c'est à ce moment que tu ajouterais 5,000$ par mois à tes revenus. (Nous leur rappelons leur rêve initial.)

Alors qu'est-ce qui sera le plus simple pour toi ? (Nous sommes gentils avec les prospects. On leur facilite la tâche. On ne leur offre que deux choix.)

Continuer à faire la navette pour le travail durant des heures chaque jour et manquer les activités des enfants ? (Sa vie telle qu'elle est.)

Ou apprendre un système pour aider 500 personnes à utiliser notre service légal ? (Ou, choisir notre solution.)

Message clair.

En moins de deux minutes, notre prospect a une vue d'ensemble. Même s'il ne connaît rien aux services légaux et leur fonctionnement, il peut prendre une décision. Il peut maintenir sa vie actuelle ou, il peut apprendre un système pour parler aux gens de services légaux.

Les prospects peuvent prendre une décision et dire « oui » ou « non » maintenant. Et si la réponse à cette histoire est « oui, » alors ils pourront apprendre tous les détails dans les formations.

Pouvons-nous modifier l'histoire ?

Chacune des phrases travaille fort et aide nos prospects à prendre une décision finale simple. L'histoire-deux-minutes a pour principal objectif de faciliter la vie à nos prospects.

L'histoire-deux-minutes est courte et épargne du temps à nos prospects, tout en fournissant les points importants pour lui permettre de prendre une décision.

Notre réflexe naturel est de fournir davantage d'information à nos prospects. Ce réflexe est fondé sur la croyance erronée que les prospects prennent leurs décisions en se basant sur l'information. Si vous avez lu le livre « Pré-Conclure, » vous savez que c'est faux. Les prospects prennent leurs décisions avant d'être exposés aux détails. Trop d'information sème la confusion chez nos prospects.

Voyez-le sous cet angle. Nos prospects ne peuvent pas comprendre notre entreprise en claquant des doigts. Ils ne savent pas comment développer ce type d'entreprise. Et ils ne savent même pas quelles questions poser.

La seule véritable décision que peuvent prendre nos prospects est : « Est-ce que je désire être en affaires avec toi, ou pas ? » Ils auront des choses à apprendre, peu importe l'entreprise qu'ils choisiront. C'est la raison pour laquelle il est difficile pour eux de prendre une décision, peu importe l'entreprise.

Il est par contre relativement facile pour eux de décider s'ils souhaitent se lancer en affaires avec nous, ou pas.

C'est pourquoi notre histoire-deux-minutes se concentre sur la décision : « Est-ce que je désire apprendre un système avec toi, ou pas ? » Notre histoire-deux-minutes n'est pas axée sur les caractéristiques de notre compagnie… cela viendra plus tard s'ils décident de faire équipe avec nous.

Dans le prochain chapitre, nous allons explorer toute une variété d'histoires-deux-minutes. Une fois que nous serons familiers avec la structure de cette histoire, nous pourrons rédiger notre propre histoire-deux-minutes.

La plupart des ces histoires durent à peine plus d'une minute. Nos prospects seront emballés de constater à quelle vitesse nous livrons la marchandise.

Vous voulez un autre bénéfice lié à l'utilisation de l'histoire-deux-minutes ?

Nos prospects réalisent qu'ils peuvent dupliquer notre succès en mémorisant l'histoire-deux-minutes. Imaginez à quoi pensent les prospects après avoir écouté une présentation de 45 minutes ?

Ils se disent : « Ouf ! Je ne pourrais jamais faire ce que tu fais. 45 minutes d'information à mémoriser, c'est trop pour moi. Aucun de mes amis ne voudra se taper une info-pub de 45 minutes. »

L'histoire-deux-minutes offre encore plus d'avantages. Vous les découvrirez en l'utilisant pour développer votre entreprise.

QUELQUES HISTOIRES-DEUX-MINUTES.

Utilisez ces exemples comme des canevas pour créer votre propre histoire-deux-minutes. Une fois que vous aurez façonné votre histoire-deux-minutes, vous voudrez l'utiliser aussi souvent que possible. Elle nous facilite la vie, et celle de nos prospects.

Nettoyants écologiques.

J'ai une bonne histoire. Elle dure à peine deux minutes. Elle pourrait te faire gagner beaucoup d'argent, ou pas. Tu veux l'entendre ?

Que dirais-tu de ne plus jamais devoir travailler ? Alors, de combien d'argent aurais-tu besoin mensuellement pour ne plus jamais devoir te pointer à un boulot ?

Eh bien, tu sais combien les gens se soucient de l'environnement en ce moment et cherchent à faire leur part ? Il y a une compagnie, elle se nomme Nettoyants Super Naturels, et elle manufacture des produits d'entretien écologiques et non toxiques pour remplacer les nettoyants chimiques dans nos maisons.

Maintenant, si tu souhaitais ne plus jamais devoir travailler, tout ce que tu devrais faire, c'est d'aviser les familles qu'ils ont maintenant une option plus sécuritaire et écologique pour faire leur entretien ménager et, éventuellement, d'amener 250 familles à utiliser nos produits.

Maintenant, tu ne sais pas comment amener 250 familles à utiliser nos produits écologiques, mais tu peux l'apprendre. Tu as appris à conduire une voiture, tu as appris à utiliser un téléphone intelligent, alors tu peux certainement apprendre un système et aider 250 familles à changer leurs produits d'entretien ménager. Et c'est à ce moment que tu ajouterais 5,000$ par mois à tes revenus.

Alors qu'est-ce qui sera le plus facile pour toi ? Continuer à faire la navette soir et matin pour occuper un emploi qui ne te passionne pas ou, apprendre un système pour aider des familles à faire leur part pour l'environnement et sentir que ton travail fait une différence dans la vie des gens ?

Vitamines et boissons énergétiques.

J'ai une bonne histoire. Elle dure moins de deux minutes. Tu pourrais faire beaucoup d'argent, ou pas. Tu veux l'entendre ?

Ça t'irait de ne plus jamais devoir travailler ? Alors de combien d'argent aurais-tu besoin par mois pour payer toutes tes factures et ne plus devoir travailler ?

Eh bien, tu sais à quel point beaucoup de gens achètent des vitamines et des boissons énergétiques chaque jour ? Il y a une compagnie du nom de Produits Santé Fantastiques qui a développé des versions très cool de boissons énergétiques naturelles et super organiques que les gens adorent.

Maintenant, si tu souhaitais ne plus jamais retourner au travail, tout ce que tu devrais faire, c'est de trouver chaque jour des gens qui aimeraient les essayer jusqu'à ce que 300 personnes te commandent leurs produits santé sur une base régulière.

Maintenant, tu ne sais pas comment amener 300 personnes à adopter nos produits, mais tu peux l'apprendre. Tu as bien appris à utiliser l'internet, tu as appris à parler l'espagnol, et tu peux certainement apprendre un système qui t'aidera à trouver 300 personnes pour consommer ces produits. Et c'est à ce moment que tu ajouterais 5,000$ par mois à tes revenus.

Alors qu'est-ce qui sera le plus simple pour toi ? Continuer à perdre deux heures dans le trafic chaque jour pour le travail ou encore, apprendre notre système de distribution d'échantillons pour que tu puisses plutôt travailler de la maison ?

Services.

J'ai une bonne histoire. Elle prendra moins de deux minutes. Elle pourrait bien te permettre de faire plein de fric, ou pas. Tu veux l'entendre ?

Ça te dirait de ne plus jamais devoir te rendre au boulot ? Alors de combien d'argent aurais-tu besoin mensuellement pour te permettre de faire ce choix ?

Eh bien, tu sais comme moi que tout le monde reçoit des factures d'électricité, de téléphone et autres services. Figure-toi qu'il existe une compagnie qui se nomme Payez-Nous-Moins qui fait fondre les montants de ces factures pour qu'il nous reste plus d'argent en poche chaque mois.

Maintenant, si tu désirais ne plus jamais devoir travailler, tout ce qui tu devrais faire, c'est de développer une équipe de 40 partenaires à temps partiel dans ton secteur et leur montrer comment aider leurs voisins à réduire eux-aussi leurs factures de services.

Maintenant, tu n'as probablement aucune idée comment développer une équipe de 40 partenaires à temps partiel dans ton secteur, mais tu peux l'apprendre. Tu as appris à organiser notre club de bénévoles, tu as appris à diriger notre groupe de parents, alors tu peux certainement apprendre un système pour monter une équipe de 40 partenaires à temps partiel. Et c'est alors que tu gagnerais 5,000$ de plus par mois.

Alors qu'est-ce qui sera le plus facile pour toi ? Continuer de tenter de balancer ton agenda entre deux emplois et la famille, ou encore d'apprendre un système pour développer une équipe de partenaires locaux pour ne plus jamais devoir occuper d'emploi ?

Voyage.

J'ai une bonne histoire. Elle dure à peine deux minutes. Elle pourrait te permettre de faire beaucoup d'argent, ou pas. Tu veux l'entendre ?

Est-ce que ça t'irait de ne plus jamais devoir travailler ? De combien d'argent aurais-tu besoin chaque mois pour ne plus jamais devoir retourner au travail ?

Eh bien, tu sais combien les gens adorent prendre des vacances et oublier leurs emplois pour deux semaines ? Il existe une compagnie, elle se nomme Voyager-À-Rabais-Avec-Style, et elle nous permet d'obtenir d'importants rabais afin de pouvoir s'offrir des vacances cinq étoiles pour le prix d'un séjour dans un hôtel ordinaire.

Maintenant, si ton souhait était de ne plus jamais devoir travailler, tout ce que tu devrais faire, c'est d'aider 300 familles à épargner de l'argent tout en transformant leurs vacances ennuyeuses en vacances de luxe tout inclus avec Voyager-À-Rabais-Avec-Style.

Maintenant, tu ne sais pas comment trouver 300 familles qui aimeraient changer le style de leurs vacances, mais tu peux l'apprendre. Tu as appris à devenir comptable, tu as appris à conduire une voiture, alors tu peux sans doute apprendre un système pour aider 300 familles à épargner tout en rendant leurs vacances plus excitantes. Et c'est alors que tu ajouterais 5,000$ par mois à tes revenus.

Alors qu'est-ce qui sera le plus simple pour toi ? Continuer à occuper cet emploi de comptable et enrichir ton patron ou, apprendre un système pour permettre à 300 familles d'épargner de l'argent tout en s'offrant des vacances dont ils se souviendront pour toute la vie ?

Produits de perte de poids.

J'ai une bonne histoire pour toi. Elle dure à peine deux minutes. Elle pourrait te permettre de faire beaucoup d'argent, ou pas. Tu veux l'entendre ?

Ça t'irait de ne plus jamais devoir aller travailler ? Alors combien d'argent te faudrait-il par mois pour payer tes factures et te permettre d'y arriver ?

Eh bien, tu sais combien de gens s'entraînent continuelle-ment, se privent de manger et reprennent tout de même leur poids ? Il existe une compagnie qui s'appelle Déjeuners-Minceur qui a développé de délicieux breuvages déjeuners chocolatés qui aident les gens à perdre du poids et ne plus jamais le reprendre.

Maintenant, si tu désirais ne plus jamais devoir retourner au travail, tout ce que tu devrais faire, c'est de découvrir 200 personnes qui n'en peuvent plus des diètes et qui sont prêts à changer le contenu de leurs déjeuners pour maintenir un poids santé à vie.

Maintenant, tu ne sais pas comment trouver 200 personnes qui souhaitent faire la diète, mais tu peux l'apprendre. Tu as bien appris à trouver le comptoir de beignes de ton quartier, et tu as appris à éviter les salles d'entraînement ; alors tu peux sans doute apprendre un système pour trouver 200 personnes qui veulent perdre du poids et ne plus jamais le reprendre. Et c'est de cette façon que tu pourrais ajouter 5,000$ par mois à tes revenus.

Alors qu'est-ce qui sera le plus simple pour toi ? Continuer à espérer que ton patron t'accorde une augmentation de 200% ou, apprendre un système pour repérer 200 personnes qui désirent vraiment perdre du poids, et ne plus jamais devoir te mettre à genoux pour demander une augmentation ?

Cosmétiques.

J'ai une bonne histoire. Elle dure environ deux minutes. Elle pourrait te faire gagner beaucoup d'argent, ou pas. Tu veux l'entendre ?

Est-ce que ça t'irait de ne plus jamais devoir travailler ? Alors de combien d'argent aurais-tu besoin, disons chaque mois, pour ne plus jamais devoir occuper un emploi ?

Eh bien, tu sais combien les femmes adorent acheter des cosmétiques pour se montrer sous leur meilleur jour ? Eh bien il y a une compagnie, Plus-Jeune-Que-Jeune-Cosmétiques qui fabrique des produits de beauté naturels qui donnent un ton radieux.

Maintenant, si tu souhaitais ne plus jamais devoir travailler, tu n'aurais qu'à distribuer suffisamment d'échantillons de notre fond de teint magique pour trouver 300 femmes qui désirent être plus belles chaque jour de leurs vies.

Maintenant, tu ne sais pas comment trouver ces femmes ni comment les inviter à essayer notre fond de teint magique ; mais tu peux l'apprendre. Tu as bien appris à danser, et tu as appris à rassembler notre groupe de femmes, alors tu peux certainement apprendre un système pour trouver 300 femmes qui désirent être à leur meilleur chaque jour de leurs vies. Et c'est de cette façon que tu ajouterais éventuellement 5,000$ à tes revenus chaque mois.

Alors qu'est-ce qui sera le plus facile pour toi ? Continuer à échanger ton temps contre un salaire de crève-faim auprès d'un patron qui anéanti tes rêves, ou apprendre un système pour distribuer suffisamment d'échantillons de notre fond de teint magiques pour ne plus jamais devoir occuper cet emploi médiocre ?

Vous notez certaines similitudes jusqu'ici ?

Créer sa propre histoire-deux-minutes devrait être chose facile en se basant sur les exemples plus hauts. L'histoire-deux-minutes est facile à apprendre et facile à raconter.

Pourquoi notre histoire-deux-minutes semble si naturelle ?

Nos esprits souhaitent d'abord prendre une décision puis, connaître les détails ensuite. L'histoire-deux-minutes permet à nos prospects de prendre la décision « oui » ou « non » rapidement.

Si la décision de notre prospect est « non, » on change tout simplement de sujet.

Si la décision de notre prospect est « oui, » il devient logique de fournir plus de détails.

POURQUOI ÇA FONCTIONNE.

Pourquoi notre histoire-deux-minutes établit une connexion si rapidement avec nos prospects ?

Bill Jayne le résume très bien : « Ce que vous vendez n'a aucune importance. Votre marketing direct ne devrait jamais être axé sur votre produit. Il devrait toujours être à propos de votre prospect. »

Voilà le secret. Notre histoire-deux-minutes est entièrement axée sur nos prospects. Ils adorent ça. On adore ça. Et tout le monde épargne du temps, sauf que...

On ne peut pas toujours l'utiliser.

Imaginez une présentation d'affaire dans un hôtel local. Notre histoire-deux-minutes ne serait pas appropriée dans ce contexte.

Le premier problème ? On ne pourrait pas demander à chacun son montant mensuel minimum pour payer les factures. Quelques invités pourraient n'avoir besoin que de 3,000$ par mois, tandis que d'autres pourraient avoir besoin de beaucoup plus.

Deuxième problème ? Notre présentation de groupe serait terminée en moins de deux minutes. Comment se sentiraient nos invités qui ont pris le temps de se déplacer pour assister à notre rencontre... de deux minutes ? Ils seraient sans doute offusqués.

Troisième problème ? S'il y avait parmi les invités des comptables avides de détails ? L'histoire-deux-minutes serait tout à fait inappropriée.

Ceci dit, nos présentations un à un ou deux à un seront le terrain de jeu idéal pour notre histoire-deux-minutes. Et nous la trouverons aussi fort utile pour la plupart de nos conversations téléphoniques.

L'histoire-deux-minutes devrait être utilisée dès qu'elle semble appropriée. Il existe plusieurs autres méthodes de présentations à notre disposition. En tant que professionnels, nous devrions être en mesure d'évaluer la situation et déterminer quelle méthode est la plus appropriée.

Un dernier rappel.

Souvenez-vous que tous les exemples dans ce livre font référence à un revenu de 5,000$ par mois. Nous pouvons créer un histoire-deux-minutes pour n'importe-quel montant mensuel souhaité par nos prospects.

OÙ PEUT-ON UTILISER NOTRE HISTOIRE-DEUX-MINUTES ?

Les possibilités sont innombrables. La plupart des présentations prennent beaucoup de temps et nécessitent un environnement contrôlé. Notre histoire-deux-minutes est courte et flexible et peut être intégrée dans presque tous les types de conversations. Voici quelques exemples.

Utiliser notre histoire-deux-minutes avec des prospects à froid.

Imaginons que nous avons dirigé nos prospects à froid vers une vidéo ou une page web. Notre appel de suivi ressemblerait à ceci.

Nous : Je voulais simplement vérifier si tu avais pu jeter un coup d'œil à la vidéo. Si tu es comme la plupart des gens, tu n'as pas encore eu le temps de le faire. (Le prospect se détend et pense : « Tu lis dans mes pensées ! » Nous avons établi une excellente connexion avec notre prospect.)

Prospect : Oui, tu as raison. Je n'ai encore trouvé le temps de regarder la vidéo.

Nous : Pas de problème. Je sais que tu es occupé. Je vais te recontacter dans une semaine. (Le prospect se détend encore plus.)

Prospect : Merci.

Nous : Oh, une dernière chose. J'ai une bonne histoire. Elle dure à peine deux minutes. Elle pourrait te faire gagner beaucoup d'argent, ou pas. Tu veux l'entendre ?

Prospect : Oui ! (Nous avons éteint l'alarme anti-vendeur, et notre prospect est maintenant tout disposé à écouter notre histoire.)

Utiliser notre histoire-deux-minutes durant la pause-café.

Tout le monde cherche à partager une conversation rafraîchissante durant la pause-café. Tout ce qu'il reste à dire à nos collègues de travail c'est : « J'ai une bonne histoire… » La conversation et l'histoire couleront naturellement.

Utiliser notre histoire-deux-minutes aux événements de réseautage.

Que devrions-nous répondre lorsque quelqu'un nous demande : « Que faites-vous dans la vie ? »

Facile. Nous répondons tout simplement : « J'ai une bonne histoire… » La suite semble déjà très intéressante pour notre partenaire de discussion.

CE QUI POURRAIT SE PRODUIRE.

La plupart d'entre nous sont impatients de raconter leur histoire-deux-minutes plusieurs fois par jour. Regardons les possibilités.

Trois fois par jour.

Imaginons qu'on se fixe un objectif de raconter notre histoire-deux-minutes trois fois par jour. N'importe qui peut intégrer cet objectif à son agenda. Certains profiteraient du trajet aller-retour au travail pour y arriver, tandis que d'autres préféreraient le faire au bureau. Plusieurs le feraient tout simplement en échangeant avec connaissances et amis.

Si on arrivait à raconter notre histoire-deux-minutes trois fois par jour, 90 prospects entendraient notre histoire chaque mois ! 90 personnes qui découvriraient une façon de ne plus jamais devoir travailler.

De ces 90 prospects qui entendront notre histoire, combien souhaiteront faire équipe avec nous et saisir cette opportunité ?

Même si nous sommes très, très mauvais, et que nous massacrons 90% des prospects à qui l'on parle… nous aurons tout de même parrainé neuf nouveaux distributeurs. Et ce, malgré notre incompétence. Neuf nouveaux volontaires pour notre entreprise même si nous avons été exécrables en racontant notre histoire-deux-minutes.

Ce qu'il y a de bien avec l'histoire-deux-minutes, c'est que les prospects adorent les histoires courtes qui vont droit au but. Une terrible histoire-deux-minutes sera toujours mieux qu'une présentation d'une heure parfaite.

Mais si nous sommes bons, très bons pour raconter notre histoire-deux-minutes ? Alors presque tout le monde voudra se joindre à nous. Si le timing est bon dans la vie de nos prospects, notre histoire-deux-minutes est la nouvelle la plus excitante qu'ils puissent imaginer. « Ne plus jamais devoir travailler » est un rêve à leur portée.

Est-ce que vous entrevoyez la voie rapide vers le succès ?

Mais si mon prospect n'est pas intéressé par mon histoire ?

Passez à autre chose. Il y a un vieux dicton qui dit : « Peu importe l'intensité que nous mettons à danser, certaines personnes n'applaudiront jamais. »

Si notre prospect n'est pas intéressé, on change de sujet et on parle d'autre chose. C'est ainsi que la plupart des conversations fonctionnent. Nous trouverons éventuellement un sujet de conversation qui nous convient tous les deux.

C'est si extraordinaire, nous voulons que notre équipe l'utilise aussi.

Alors notre prochaine étape est d'amener quelques membres plus sérieux de notre équipe à intégrer l'histoire-deux-minutes à leur routine au moins une fois par jour.

QUE DIRE AUX MEMBRES DE NOTRE ÉQUIPE.

Voici une stratégie. Décrire notre plan entourant l'histoire-deux-minutes à notre équipe. Voici un exemple de ce que nous pourrions dire.

***

Chaque jour, racontez à UNE personne cette petite histoire-deux-minutes. Dites : « J'ai une bonne histoire. Elle dure moins de deux minutes. Elle pourrait te faire gagner beaucoup d'argent, ou pas. Tu veux l'entendre ? »

Ensuite, racontez votre histoire-deux-minutes.

C'est tout !

Pas besoin de conclure la vente. Pas besoin de harceler. Pas besoin de faire de suivi. Nos prospects vont « comprendre » ou « ne pas comprendre. »

Maintenant, si certains de nos prospects « ne comprennent pas, » on ne veut pas leur mettre la pression pour qu'ils joignent notre entreprise. Si on les force à le faire, on devra les convaincre et les convaincre à nouveau chaque jour. On déteste ça. Ils détestent ça. Et ils deviennent alors des « vampires » qui sucent notre énergie vitale au quotidien. Ils veulent qu'on achète les produits pour eux, qu'on vende les produits pour eux, qu'on leur trouve des distributeurs, qu'on forme leurs distributeurs, qu'on écoute leurs problèmes personnels… et ils se feront un plaisir de nous blâmer, de même que la compagnie et tous ceux à qui ils pourront faire porter le chapeau pour toutes les choses désagréables que se produisent dans leurs vies.

Si certain de nos prospects sont sceptiques, laissons-les poursuivre leurs chemins. Les sceptiques font de terribles entrepreneurs. Ils cherchent des façons de saboter leurs chances de succès. Ils dépensent leur énergie à trouver des excuses qui expliquent leur insuccès. Pour devenir des entrepreneurs à succès, les sceptiques ont besoin de thérapeutes. Nous ne sommes pas qualifiés pour ça.

Oui, les sceptiques se plaisent à trouver des excuses pour justifier leurs échecs. Oublions-les. Si on perd notre temps à tenter de guérir les sceptiques, nous allons perdre d'excellents prospects, enthousiastes à l'idée de développer leurs entreprises avec nous.

Et puis, certains de nos prospects « comprendront » et diront : « Alors, comment puis-je démarrer ? »

Considérez que c'est un test de leadership. Ceux qui « comprennent » passent le test. On adore ces gens. Ils seront toujours à la recherche de raisons et d'outils pour faire fonctionner leurs entreprises.

Alors si on raconte cette petite histoire 365 jours par année, certaines personnes vont joindre notre équipe. Ce sont les personnes que nous recherchons. Alors ne racontez pas votre histoire en manipulant l'information ou le prospect devant vous pour influence les résultats. Racontons tout simplement notre histoire, prenons uniquement les volontaires qui « comprennent »… et nous ne vivrons plus jamais de situations de rejet.

La méthode est donc simple. Raconter cette histoire 30 fois durant le prochain mois, se détendre, accueillir les volontaires qui « comprennent, » travailler avec eux, les former à raconter l'histoire… et répéter le tout en boucle.

Je sais ce que vous vous dites. J'aimerais bien bonifier mon histoire. J'aimerais que plus de gens joignent mon entreprise.

Il est possible de le faire. Par exemple, nous pourrions dire aux gens que nous apprécions tout particulièrement :

« Je raconte cette histoire une fois par jour. J'atteindrai le niveau Diamant dans environ six mois. Ce sera excitant. Ça va changer ma vie. Tu sais, six mois vont s'écouler d'une façon ou d'une autre pour nous ceux. De mon coté, je préfère mettre l'épaule à la roue pour qu'à ce moment, 5,000$ s'ajoutent à mes revenus chaque mois. Il me tarde de voyager, de dépenser cet argent supplémentaire, et de passer plus de temps avec ma famille et les amis qui souhaiteront m'accompagner. »

La plupart des gens aiment suivre. Ils recherchent désespérément quelqu'un pour leur montrer le chemin. Lorsqu'on déclare avoir l'intention d'atteindre le statut Diamant « avec eux ou sans eux, » plusieurs personnes diront :

« Hé, amène-moi avec toi. Je n'aime pas ma destination actuelle. J'aime celle que tu as choisie. »

Cette décision nous procure un grand pouvoir d'attraction.

C'est tout à fait différent des stratégies de vente à pression ou encore, celle de supplier les gens. Le désespoir fait fuir les gens.

Ne pas avoir d'attentes est bien mieux. On devrait penser de la façon suivante :

« Hé, je vais te raconter cette histoire-deux-minutes. Je me fous que ça t'intéresse ou non. La décision t'appartient. Je ne fais que te raconter l'histoire et, si c'est le bon moment dans ta vie, tu vas saisir l'opportunité. Si ça n'est pas le bon moment pour toi, alors tu pourrais bien te rappeler de cette histoire lorsque ta situation changera. Mon travail est de raconter l'histoire et d'accueillir les volontaires. »

Je sais que nous pouvons raconter cette histoire une fois par jour. On ne veut pas devenir des vendeurs. On ne veut pas quémander. On ne veut pas jouer à la gardienne d'enfants avec les gens.

Tout ce qu'on doit dire une fois par jour, c'est quelque chose comme :

« J'ai une bonne histoire. Elle dure moins de deux minutes. Elle pourrait te faire gagner beaucoup d'argent, ou pas. Tu veux l'entendre ? »

Ou nous pourrions dire quelque chose du genre :

« J'ai une bonne histoire, Elle dure à peine deux minutes. Tu pourrais faire beaucoup d'argent, ou pas. Tu n'es peut-être pas prêt pour ça. Je ne sais pas. Mais si tu désires entendre cette histoire, je vais te la raconter. »

Si nous partageons cette histoire une fois par jour, nous allons trouver et attirer les équipiers nécessaires pour attendre le statut de Diamant.

C'est de cette façon qu'on peut développer notre entreprise, tout en demeurant dans notre zone de confort, tout en respectant notre agenda, et tout en respectant les gens que nous rencontrons.

Plusieurs personnes souhaitent exactement les mêmes choses que nous nous. Ils recherchent une opportunité. Ils veulent nos produits. Ils rêvent du style de vie et des voyages que nous pouvons leur offrir. Et ces personnes veulent tout ça... tout de suite !

Nous pouvons donc choisir de raconter notre histoire-deux-minutes et se joindre aux Diamants lors du prochain voyage annuel ou, on peut choisir de recevoir des cartes postales de la part des Diamants qui se sont qualifiés.

**

Cette explication résume tout ce que doivent savoir les membres de notre équipe pour prendre une décision. S'ils décident de répondre « oui » à notre plan d'action quotidien, on peut les inviter à notre formation hebdomadaire et notre appel conférence pour rapporter leurs résultats.

Regardons comment pourrait s'articuler notre appel hebdomadaire.

FORMER NOS PARTENAIRES SÉRIEUSEMENT IMPLIQUÉS.

Nos équipes sont constituées de clients, de gens qui considèrent leurs entreprises comme un hobby, de membres qui sont attirés par le volet social de l'entreprise et, de quelques partenaires sérieusement impliqués. L'histoire-deux-minutes est conçue pour ces derniers. Ils peuvent utiliser l'histoire-deux-minutes et produire des résultats impressionnants avec cet outil de présentation.

Mais comment les former et les maintenir actifs sur le terrain ?

Une des façons d'y parvenir est de mettre en place un appel conférence hebdomadaire de formation et de bilan des résultats. Cet appel conférence, qui se déroule une fois par semaine, nous permet d'épargner du temps en formant simultanément tous nos partenaires sérieux. Cet appel leur permet aussi de demeurer concentrés sur l'objectif principal : raconter l'histoire-deux-minutes une fois par jour. C'est trop facile de retomber dans la routine des présentations traditionnelles.

On souhaite limiter la durée cet appel hebdomadaire à 20 minutes pour maintenir l'intérêt et ne pas hypothéquer les agendas de nos partenaires.

En débutant l'appel, les participants devraient rapporter à tour de rôle les résultats de la semaine précédente. Ils pourraient dire par exemple : « J'ai partagé sept fois mon histoire-deux-minutes. (C'était notre objectif, soit une par jour.) Quatre personnes ont demandé des informations supplémentaires. Deux personnes ont joint mon équipe. »

Certaines personnes pourrait rapporter avoir raconté l'histoire trois fois. On félicite tous les membres sans tenir compte de leurs résultats respectifs.

Ensuite, tout le monde dispose de 20 secondes pour raconter à tout le monde une anecdote intéressante qu'ils ont vécue durant la dernière semaine (en lien avec la prospection). Bien entendu, plusieurs choses désagréables se sont peut-être produites aussi durant la dernière semaine, mais cet appel doit demeurer positif. On se concentre donc sur les bons coups et les expériences positives. Ce flux de bonne nouvelles contribuera à nourrir le sentiment d'espoir et les attentes voulant que même si l'on a connu une mauvaise semaine, la prochaine pourrait être extraordinaire.

Ensuite, un volontaire sur l'appel conférence partage son histoire-deux-minutes. Cela dure moins de deux minutes. Les autres membres du groupe peuvent alors complimenter et faire des suggestions au volontaire. Chaque semaine, une personne différente partage son histoire-deux-minutes.

Le leader qui a initié l'appel félicite ensuite tous les membres pour leurs efforts de la semaine et les met au défi de partager leurs histoires-deux-minutes encore sept fois durant la prochaine semaine. (Ou encore quatre, ou cinq, bref, le chiffre qui correspond à l'objectif que vous vous êtes fixé avec ce groupe.)

Et, finalement, un brin de motivation. Le leader pourrait dire quelque chose comme :

« Je suis convaincu que vous atteindrez tous le statut de Directeur Exécutif. Je ne sais pas à quelle vitesse… mais vous êtes sur les rails ! »

Ou, « Vous ne savez pas ce qui pourrait se passer durant la prochaine semaine. Une personne à qui vous parlerez pourrait vous faire gagner 20,000$. Elle doit tout simplement entendre votre histoire. »

Ou, « Notre travail est de donner la chance aux gens de vivre la vie de leurs rêves. Nous avons l'obligation de leur donner cette chance. Le reste leur appartient. »

Et notre appel hebdomadaire est maintenant terminé.

C'est le moment d'inviter les membres de notre club sélect pour l'appel hebdomadaire et leur fournir les instructions à suivre. Voici un exemple d'invitation que nous pourrions utiliser :

Instructions pour l'appel.

« Bonjour tout le monde.

« Je propose de démarrer les choses du bon pied pour notre premier appel ce jeudi soir.

« Durant cet appel conférence hebdomadaire, chaque personne devra se présenter comme suit :

« 1. Bonjour, John Smith sur la ligne. (On doit savoir que vous êtes connecté.)

« 2. J'ai personnellement raconté mon histoire-deux-minutes à trois reprises cette semaine. (C'est notre objectif primaire de la semaine. On raconte notre histoire aux prospects.)

« 3. Mon groupe a utilisé l'histoire-deux-minutes à 13 reprises cette semaine. (Plus de gens seront exposés à notre opportunité, plus nous aurons de volontaires dans nos équipes.)

« 4. Voici quelque chose d'excitant qui s'est produit dans mon business cette semaine. (Des choses déprimantes se produisent aussi. Cet appel doit fait abstraction des choses négatives. L'appel devrait mettre l'emphase sur les choses positives. Tout le monde s'en sentira mieux et plus confiants pour la semaine à venir.)

« Ces quatre éléments de votre contribution à l'appel devraient totaliser tout au plus 30 secondes. Nous limiterons nos groupes à huit personnes pour nous assurer que l'appel restera court.

« Ensuite, un de nous partagera son histoire-deux-minutes avec les autres participants sur la ligne. Nous partagerons les commentaires constructifs et les suggestions qui nous viennent à l'esprit en entendant cette présentation.

« Nous poursuivrons avec quelques astuces supplémentaires au sujet de l'histoire-deux-minutes pour pouvoir l'utiliser encore plus souvent.

« Puis nous terminerons avec vos questions. En moins de 20 minutes, notre appel de coaching de la semaine sera terminé.

« C'est tout !

« Maintenant, que pouvez-vous faire en attendant notre premier appel ce jeudi ?

« 1. Faire un saut sur ma page web et lire ma présentation histoire-deux-minutes.

« 2. Mémoriser l'histoire-deux-minutes pour la rendre plus fluide.

« 3. Tenter de partager l'histoire-deux-minutes pour acquérir un brin d'expérience. Peut-être aurez-vous quelque chose à rapporter lors de notre tout premier appel. Ce serait formidable.

« J'ai bien hâte de vous entendre ce jeudi. »

COMMENT RECRUTER DE NOUVEAUX MEMBRES QUI SE JOINDRONT À NOTRE APPEL CONFÉRENCE HEBDOMADAIRE.

Effet levier !

Augmentation !

Duplication !

Oui, on peut raconter notre histoire-deux-minutes plusieurs fois par jour. Mais on n'a que 24 heures dans une journée. Pour générer une croissance massive dans nos équipes, on a besoin de beaucoup de membres actifs qui racontent eux aussi l'histoire-deux-minutes.

Plus nous aurons de gens qui se grefferont à nos appels conférence hebdomadaires, plus nous aurons de présentations garanties sur le terrain.

Effet levier ? Absolument ! Nous allons multiplier notre succès par les efforts des autres.

Où allons-nous trouver ces individus particuliers ?

Notre stratégie.

Dans les typologies des personnalités, il existe les « bleus. » Ils adorent parler. Ce sont des conteurs d'histoires nés. Ils vivent pour s'exprimer, pour raconter. Et ils affectionnent tout particulièrement le fait de rencontrer de nouvelles personnes.

Ça vous semble une bonne association ?

Il nous suffit de trouver quelques « bleus » et les laisser faire ce qu'ils font le mieux… raconter des histoires.

Mais à quel endroit pouvons-nous les trouver ? Eh bien, si nous n'en connaissons pas personnellement, on peut demander des références.

Est-ce que vous avez déjà demandé des références ? Si oui, alors vous connaissez la problématique. Les gens hésitent à nous référer à leurs amis. Ils ont peur que nous tentions de leur vendre quelque chose dont ils n'ont pas besoin en mettant la pression.

Mais nous allons le faire différemment. Nous allons leur demander une autre forme de référence. Nous allons leur poser la question qui suit : « Est-ce que tu connaîtrais par hasard un bon conteur d'histoire ? »

Cette personne pourrait répondre : « Eh bien, mon ami Ed est un bon conteur d'histoires. Il raconte des histoires sans arrêt. Mais pourquoi souhaites-tu que je te donne son nom et son numéro de téléphone ? Je dois connaître tes intentions avant de te référer cet ami. »

Notre réponse ? « Je souhaite parler à Ed parce que je recherche de bons conteurs d'histoires. »

Vous admettrez que c'est une réponse naturelle et inoffensive. Et elle nous permettra, en général, d'obtenir le nom d'Ed et son numéro de téléphone.

Lorsque nous l'appellerons, notre conversation doit demeurer simple. Nous pourrions lui dire quelque chose comme :

« J'ai demandé à ton ami s'il connaissait un raconteur d'histoires. Il a tout de suite mentionné ton nom. Est-ce vrai ? Tu aimes raconter des histoires ? »

Ed de répliquer : « Oui, j'adore raconter des histoires. »

Nous poursuivons : « Il y a deux types de gens dans le monde. Ceux qui racontent des histoires, et ceux qui sont payés pour raconter des histoires. »

C'est le moment de garder le silence. La suite appartient à Ed. Soit il a « saisi », soit il n'a « pas saisi. » Si Ed a compris, il souhaitera se joindre à notre entreprise. Et nous avons en mains un leader potentiel dans notre équipe qui racontera l'histoire-deux-minutes plusieurs fois par semaine.

Effet Levier !

Augmentation !

Duplication !

La seule question que nous devrions avoir en tête est : « Combien de Ed souhaitons-nous avoir dans notre équipe ? »

QU'EST-CE QUE JE DIS ENSUITE ?

À la fin de notre histoire-deux-minutes, nous faisons une pause. Nos prospects peuvent alors se porter volontaires, ou pas. Forcer les gens à se joindre à nous n'est qu'une solution à court terme.

Alors quelle sera la réaction de nos prospects suite à notre histoire-deux-minutes ? Voici les trois réactions les plus communes :

#1. Nos prospects disent : « Je désire apprendre le système. Commençons. »

Nous remplissons les formulaires, leur souhaitons la bienvenue et cédulons un temps de formation pour apprendre le système, générer quelques rendez-vous, etc. C'est facile.

#2. Nos prospects disent : « Ça n'est pas pour moi. »

On respecte le choix de nos prospects. On n'a pas besoin que tout le monde joigne notre entreprise. On a besoin de quelques bonnes personnes seulement. La personne qui dit « Non » aujourd'hui n'a pas à devenir une de ces quelques bonnes personnes dont on a besoin.

#3. Nos prospects disent : « Ça me semble intéressant, mais j'ai besoin de plus d'information. »

Cette réponse est très courante. La plupart des gens ont un programme dans leurs esprits qui provient de leurs parents et qui suggère ceci : « Ne prendre aucune décision précipitée sans avoir un minimum de faits et informations. »

Comment prendre en charge le choix #3 ?

Nous répondons à leur demande et leur fournissons davantage d'information.

Nous répondons par : « Qu'aimerais-tu savoir pour commencer ? »

Nos prospects se détendent. Ils se sentent en contrôle de la conversation. Les prospects détestent les vendeurs qui ne savent que parler. Notre question étant : « Qu'aimerais-tu savoir pour commencer ? » Toute tension reliée à la vente est éliminée chez nos prospects.

La stratégie est de répondre à la question aussi rapidement que possible tout en étant complet. Nous terminerons notre réponse par une seconde question : « Quoi d'autre aimerais-tu savoir ? »

Nous continuons ensuite à poser cette même question : « Quoi d'autre aimerais-tu savoir ? »

Pour combien de temps ? Jusqu'à ce que nos prospects n'aient plus de questions. Règle générale, nos prospects n'ont que quelques questions en tête.

Voici certaines des questions les plus fréquentes (et nos réponses.)

Q. Quels sont les frais d'adhésion ?

R. 29$ pour adhérer. Ensuite, tu peux acheter aussi peu ou autant de produits que tu penses avoir besoin.

Q. À quel endroit est située la compagnie ?

R. Dans la ville Merveilleuse, sur la rue principale.

Q. Quand la compagnie a-t-elle démarré ses activités ?

R. 2011.

Q. Est-ce que les produits sont bons ?

R. Des centaines de milliers de gens adorent nos produits et les achètent quotidiennement.

Q. Est-ce que les ingrédients sont naturels, super naturels ou surnaturels ?

R. Les ingrédients sont 100% naturels.

Q. Est-ce une pyramide ?

R. Non.

Q. Comment fonctionne le plan de rémunération ?

R. Eh bien, si nous avons beaucoup de gens qui utilisent les produits dans notre organisation, nous faisons beaucoup d'argent. Si nous avons moins de gens qui les utilisent, nous faisons moins d'argent.

Q. Quels sont les pourcentages offerts par le plan de rémunération ?

R. Tu pourras apprendre et mémoriser tous les pourcentages à la formation.

Q. Combien d'argent as-tu fait jusqu'à maintenant ?

R. Rien. C'est un business. Il me faudra six mois pour faire un bon profit. Ensuite, je vais faire une croisière d'une semaine pour me détendre. J'aimerais tout simplement savoir si tu désires te joindre à moi pour la croisière. Ou peut-être préfères-tu me donner ton adresse pour que je t'envoie une carte postale ?

Nos prospects arriveront bientôt au bout de leurs questions. Et quelle question posons-nous ensuite ?

« Qu'est-ce que tu aimerais faire maintenant ? »

Facile.

Nos prospects ont déjà pris la décision de joindre notre entreprise depuis un bon bout de temps. Si leur réponse initiale avait été « Non, » alors nous n'aurions pas été si loin dans notre conversation. Tout ce que nous désirons savoir c'est ce que notre prospect désire faire maintenant qu'il a eu réponse à toutes ses questions.

Les prospects adorent cette question puisqu'on reconnait qu'ils sont maîtres de leurs décisions dans leurs vies.

Ils n'ont alors que deux options :

#1. Poursuivre leurs vies en n'y changeant rien.

#2. Se joindre à nous et changer leurs vies.

Ça vous semble familier ? Je l'espère.

Nos prospects ont déjà pris la décision de changer leurs vies en acceptant de se rendre si loin dans notre conversation.

Conclure ? Obtenir une décision ? Tout cela s'est produit il y a longtemps déjà. Nous en sommes à l'étape de savoir ce qu'ils désirent faire pour la suite des choses. Voici les réponses les plus communes que nous allons rencontrer :

- « OK, commençons. »
- « Ça me convient. Est-ce que je peux utiliser une carte de crédit ? »
- « Je désire adhérer mais je reçois mon chèque de paie le vendredi. Est-ce qu'on peut se revoir vendredi ? »
- « Je dois y penser. » (Nous savons qu'ils ont pris la décision de ne rien changer.)
- « Rien de bon ne peut m'arriver. Je suis un perdant permanent. Je sais que je vais tout faire foirer. Laisse-moi m'éviter un autre échec embarrassant. Je ne veux pas joindre ton entreprise. » (Nous exauçons alors leurs souhaits.)

Et voilà ! Le reste nous appartient.

Lorsque l'occasion s'y prête, nous pouvons choisir d'utiliser notre histoire-deux-minutes plutôt qu'une présentation longue et ennuyante. Nos prospects adorent, et nous aussi. Et en seulement deux minutes, nous pouvons changer la vie de quelqu'un… ainsi que notre entreprise.

Il y a trois types de personnes
dans le monde.

#1. Ceux qui ne savent pas raconter une histoire-deux-minutes pour développer leurs entreprises.

#2. Ceux qui savent raconter une histoire-deux-minutes pour développer leurs entreprises, mais ne l'utilisent pas.

#3. Ceux qui savent raconter une histoire-deux-minutes pour développer leurs entreprises et l'utilisent pour développer une gigantesque organisation en marketing de réseau.

Les super compétences fonctionnent mieux lorsqu'on les utilise.

MERCI.

Merci d'avoir acheté et lu ce livre. J'espère que vous y avez trouvé des idées qui fonctionneront pour vous.

Avant que vous ne quittiez, pourrais-je vous demander une petite faveur ? Vous pourriez prendre une minute et laisser un commentaire d'une phrase ou deux à propos de ce livre en ligne ? Votre évaluation pourrait aider d'autres personnes à choisir leur prochaine lecture. Ce sera grandement apprécié par bon nombre de vos amis lecteurs.

**Ce livre est dédié aux gens de marketing
de réseau de partout.**

Je voyage de par le monde plus de 240 jours chaque année.
Laissez-moi savoir si vous souhaitez que tienne une formation
(Big Al Training) dans votre secteur.

→ **BigAlSeminars.com** ←

D'AUTRES LIVRES DE BIG AL BOOKS
La liste complète à :
BigAlBooks.com/French

Guide de Démarrage Rapide en Marketing Relationnel
Démarrez RAPIDEMENT, SANS Rejet !

La Présentation Minute
Décrivez votre entreprise de marketing de réseau comme un Pro

Tout Sur les Suivis Auprès de Vos Prospects en Marketing de Réseau
De « Pas maintenant ! » À « Immédiatement ! »

Comment Développer Votre Entreprise de Marketing de Réseau en 15 Minutes Par Jour

Les Quatre Couleurs de Personnalités
Et Leur Langage Secret Adapté Au Marketing de Réseau

Les BRISE-GLACES !
Comment amener n'importe quel prospect à vous
supplier de lui faire une présentation !

**Comment établir instantanément Confiance,
Crédibilité Influence et Connexion !**
13 façons d'ouvrir les esprits en s'adressant directement au subconscient

**PREMIÈRES PHRASES pour Marketing
de réseau**
Comment mettre les prospects dans votre
poche rapidement !

À PROPOS DE L'AUTEURS

Keith Schreiter cumule plus de 20 années d'expérience en marketing relationnel et à paliers multiples. Il enseigne aux réseauteurs comment utiliser des systèmes simples pour ériger une entreprise stable et en perpétuelle croissance.

Alors, vous avez besoin de plus de prospects ? Souhaitez-vous que vos prospects s'impliquent plutôt que de tourner en rond ? Vous aimeriez savoir comment engager votre équipe et la maintenir en mouvement ? Si ce sont les types de compétences que vous aimeriez maîtriser, vous adorerez son style « ABC - guide pratique. »

Keith donne des formations et conférences aux États-Unis, au Canada et en Europe.

Tom « Big Al » Schreiter possède plus de 40 ans d'expérience en marketing de réseau et marketing à paliers multiples. En tant qu'auteur des livres classiques de formation « Big Al » publiés à la fin des années '70, il a depuis offert des conférences et ateliers dans plus de 80 pays sur comment utiliser des mots et des phrases précises pour entrer dans la tête des prospects, ouvrir leur esprit et leur faire dire « OUI. »

Sa passion réside dans les idées marketing, les campagnes promotionnelles et les techniques pour s'adresser au subconscient de façon simple et efficace. Il est toujours à l'affut des phénomènes et campagnes marketing innovatrices qui fournissent bien souvent de nouvelles clés.

En tant qu'auteur de nombreuses formations audio, Tom est un orateur très prisé dans les conventions annuelles et les événements régionaux.

www.ingramcontent.com/pod-product-compliance
Lightning Source LLC
Chambersburg PA
CBHW071710210326
41597CB00017B/2425